위대한 자녀를 만드는
# 어머니 학교

위대한 자녀를 만드는
# 어머니 학교

'부모가 바뀌면' 자녀의 인생도 달라집니다

심수명 · 유근준

# 목 차

서문 _ 6
이 책을 사용하는 방법 _ 8

## 제1강 사랑으로 품어주는 어머니 _ 15
1. 자녀에 대하여 무지한 어머니 _ 16
2. 따뜻하게 품어주는 어머니 _ 18
3. 자녀를 존중해 주는 어머니 _ 21

## 제2강 신적 자존감을 심어주는 어머니 _ 27
1. 신적 자존감 심어주기 _ 28
2. 신적 애착 형성하기 _ 32
3. 말씀 중심의 삶을 보여주기 _ 37

## 제3강 신적 자아상을 키워주는 어머니 _ 43
1. 자아상의 형성 _ 44
2. 긍정적 자아상의 특징 _ 48
3. 신적 자아상 _ 51

**제 4강 대화하는 어머니** _ 61
    1. 자녀와의 갈등 _ 62
    2. 비효과적인 대화 _ 66
    3. 효과적인 대화 _ 70

**제 5강 인격적으로 양육하는 어머니** _ 79
    1. 자녀 양육방식 _ 80
    2. 인격적인 어머니 _ 85

**부록** _ 95

# 서 문

한국의 어머니들은 자식을 위해서라면 목숨도 아까워하지 않습니다. 그만큼 자녀를 사랑합니다. 자식을 위해서라면 어머니는 자기 생명을 내어주는 것을 주저하지 않습니다. 그런데 아이러니하게도 자녀들에게 가장 고통을 주는 사람도 바로 부모요, 어머니가 아닐까하는 생각이 듭니다.

그러면 부모들이 자식을 사랑함에도 불구하고 원치 않는 고통과 불행을 주는 이유는 무엇 때문일까요? 그것은 부모의 마음에 있는 상처 때문이요, 더 나아가 지식과 지혜가 부족하기 때문입니다. 사랑만으로는 부족합니다. 정말 사랑한다면 사랑하는 법을 배워야 하며, 사랑하는 자녀에 대한 이해가 있어야 합니다. 무지한 사랑은 흔히 무례한 사랑으로 이어지기 쉽습니다. 그리고 그러한 사랑은 사랑하는 사람에게 깊은 상처를 주기 마련입니다.

한국의 부모들은 자녀들에게 무슨 말을 가장 많이 할까요? "공부해라"입니다. 그래서 한국의 아이들은 공부를 다 잘 합니까? 얼마 전 발표를 보았더니 수학 실력이 세계에서 2등으로 나타났습니다. 미국이 16위인 것에 비하면 장한 일입니다. 그렇지만 노벨상은 하나도 없습니다. 스스로 하도록 이끌지 못하기 때문입니다.

더구나 부모들이 가장 많이 쓰는 이야기는 '빨리 빨리' 입니다. "빨리 공부해라. 빨리 학교 안 가고 뭐하니? 뭘 그렇게 꾸물대고 있어? 빨리 해야지…" 한국의 '빨리병'이 삼풍백화점의 붕괴와 성수대교 참사도 빚어냈습니다. 심지어 무궁화 위성을 띄울 때도 본부에서는 서둘러서는 안 된다고 주의를 주었지만, 높은 사람이 왔으니 빨리 띄우자고 했다고 합니다. 결국 문제가 생겼고 결과는 실패였습니다.

물론 빨리 빨리가 준 긍정적인 면이 있기도 합니다. 우리의 부모들은 공부를 가장 중요시 하지만 왜 공부해야 하는지, 삶의 목적과 방향은 가르쳐 주지 않은 채 그냥 앞만 보고 달려가라고 채찍질하고, 빨리 빨리를 외치며 열심히 살 것을 강조하고 있습니다. 그렇지만 올바로 살아가는 방법에 대해서 눈에 보이는 것만 강조함으로 우리의 자녀들은 균형있는 삶을 사는 법을 배우지 못하고 있습니다. 그러나 정작 더 심각한 것은 문제가 있는데도 모른다는 사실입니다.

자녀를 진정으로 사랑한다면 모든 어머니들은 자녀교육과 자녀사랑을 공부해야 합니다. 그런데 많은 어머니들이 자녀교육을 공부하지 않습니다. 그냥 본능과 감정, 어릴때 부모가 키워준 습관화된 교육으로만 접근합니다. 그래서 자녀교육에 실패하는 것입니다.

이 어머니학교 교재는 진정으로 자녀를 사랑하고 올바로 교육시키고 싶어 하는 어머니들을 위해 만들어진 것입니다. 여기에 있는 내용만 잘 숙지하여 적용한다면 여러분의 자녀는 행복해 할 것이며 그들의 미래 또한 밝을 것입니다.

심수명 · 유근준

## 이 책을 사용하는 방법

이 교재는 강의식 '어머니학교' 또는 '어머니 소그룹 모임'으로 활용할 수 있도록 만들어졌습니다. 대그룹일 때는 지도자의 강의를 듣고 적용하도록 유도합니다. 소그룹일 때는 교재의 내용을 함께 읽으면서 적용할 수 있도록 구성되어 있습니다. 대그룹으로 강의를 한 후 각 강 뒤에 있는 내용은 소그룹으로 깊이 있게 나누면 효과적입니다.

특히 본 교재는 소그룹으로 모임을 진행할 때 좀 더 뛰어난 효과를 볼 수 있는 소그룹 중심의 교재임을 밝힙니다. 또한 성경과 상담적 기법을 통합한 기독교 상담적 시각에서 쓰여졌습니다.

강별 배움과 나눔의 시간을 가진 후 〈활동〉 프로그램이 있습니다. 각 〈활동〉 프로그램은 앞의 강에서 배운 내용을, 체험을 통해 체득하도록 구성하였습니다. 이 교재를 잘 활용하여 어머니가 회복되고, 비전의 자녀가 많아지기를 소원합니다.

**1. 책의 구성**

이 책은 총 5강으로 구성되었으며 전체 목표는 '하나님께서 기뻐하시는 어머니가 되어 자녀들이 비전의 사람으로 살아가도록 돕는 것' 입니다. 각 강별 목표는 다음과 같습니다.

1강 **사랑으로 품어주는 어머니**
사랑의 능력을 가진 어머니의 모습과 자질을 익히고, 자녀를 따뜻하게 품어주며 자녀를 존중하는 법을 배웁니다.

2강 **신적 자존감을 심어주는 어머니**
자녀를 하나님이 만드신 독특한 '자기 자신'이 되도록 양육하는 어머니가 되도록 합니다.

3강 **신적 자아상을 키워주는 어머니**
긍정적인 자아상을 형성하는 요소를 알고 적용하도록 도우며 나의 자아상을 살펴봅니다.

4강 **대화하는 어머니**
효과적인 대화기술을 익히고 자녀와 심정대화를 할 수 있도록 훈련합니다.

5강 **인격적으로 양육하는 어머니**
자녀와 갈등을 해결하며 자녀를 인격적으로 양육하는 방법을 익힙니다.

## 2. 모임 인도 방식

다음 절차에 따라 프로그램을 실시할 때 기대하는 목적을 가장 잘 얻을 수 있습니다. 한 회의 프로그램을 진행하는데 소요되는 시간은 보통 1시간 30분에서 2시간 정도가 적당합니다.

### 1) 현재 심정 나누기(10-20분)

모임을 시작할 때는 현재의 마음과 삶을 먼저 나눕니다. 마음과 마음이 만날 때 긴장이 풀어지고 새로운 힘을 얻게 됩니다. 한 주간의 희,노,애,락을 간단히 나눈 후 본 내용으로 들어갑니다.

### 2) 목표 제시 및 이야기 읽고 나누기(5분)

목표 제시를 통해 주제를 명확히 이해하고 공부할 수 있도록 합니다.

### 3) 강의와 나눔(30-40분)

본격적인 강의 내용과 체크표, 질문들이 나옵니다. 각 강별 내용은 주제에 맞게 심도 깊은 내용으로 구성했으며, 자신을 돌아보는 체크표와 질문을 통해 자신의 삶을 점검하고 적용하도록 하였습니다.

### 4) 활동 및 결심(20분)

〈활동〉과 〈결심〉은 현재를 돌아보고 결단할 수 있도록 구성하였습니다. 배운 것을 자기 것으로 만들고 행동에 옮길 수 있도록 합니다.

### 5) 마무리(10분)

마무리는 리더가 이끕니다. 한 회기를 마치며 느낀 것은 무엇인지, 어떤 깨달음과 배움이 있었는지, 앞으로 어떤 결심을 하게 되었는지 정리하며 마무리합니다.

### 6) 기도(5분)

반드시 기도로 마쳐주십시오. 아무리 많이 배웠다 할지라도 성령님의 도우심이 없이는 변화되기 어렵습니다. 어머니의 변화를 위해 성령님께 의탁하는 시간을 갖습니다.

## 3. 소그룹 인도자를 위하여

1. 모임을 시작하면서 현재의 심정을 나눕니다. 모임을 하기 전에 자신의 마음을 개방하는 이유는 부정적이거나 힘든 마음을 가지고 있을 때 말씀을 올바로 깨닫고 적용할 여유가 없기 때문입니다. 따라서 매 강 처음 시작할 때 마음을 열어 감정을 나누면서 자연스럽게 훈련받을 수 있는 준비를 합니다. 이 시간은 총 10분을 넘지 않아야 합니다.

2. 교재에 제시된 질문에 따라 매 순간 자신을 돌아볼 수 있도록 멤버를 이끌어야 합니다. 처음에는 자신의 이야기를 한다는 것이 불편할 수도 있습니다. 그러나 서로의 삶을 진솔하게 나누는 분위기를 조성하면 자발적인 나눔이 일어나게 됩니다.

3. 멤버가 진솔한 자기개방을 할 때 인도자는 경청과 공감으로 만나주어야 합니다. 이를 위해 인도자는 하나님께 의탁하는 기도와 진솔한 자기개방, 인격적인 태도가 몸에 배어 있어야 합니다. 인도자는 자신의 생각을 주입하려 하거나 많은 말을 하지 않습니다. 멤버들이 자신의 생각과 감정을 스스로 정리할 수 있도록 기회를 제공합니다.

4. 인도자는 메시지의 핵심과 방향에 대해서 분명한 안내를 해야 합니다. 이를 위해 교재를 최소한 세 번 이상 읽고 자신에게 먼저 적용하여 성실하게 답을 작성해 보십시오. 교재의 내용을 충분히 숙지해야만 모임을 목적에 따라 이끌 수 있습니다.

5. 모임의 시간을 잘 조절하십시오. 삶을 나누다 보면 자꾸 자기 이야기를 하고 싶어집니다. 그러나 한 사람이 이야기를 독점하면 모임의 역동이 깨어지고 멤버들이 지루해할 수 있으므로, 자신의 이야기를 길게 하는 멤버가 있다면 인격적이면서도 부드러운 태도로 자제해줄 것을 권면합니다.

6. 소그룹의 가장 확실한 인도자는 성령님이십니다. 매시간 마다 성령님께 의탁하

는 마음으로 기도하면서 모임을 인도하는 것이 가장 효과적임을 잊지 마십시오. 모임 전에, 모임이 진행되고 있는 중에라도 멤버와 자신을 위해 기도하십시오.

7. 인도자는 멤버가 모임 중에 이야기한 것에 대해서는 끝까지 비밀을 유지해야 하며, 멤버들에게도 비밀을 지켜달라고 당부해야 합니다. 아무리 좋은 목적이라 하더라도 모임 중에 이야기한 것은 공개하지 않는 것이 원칙입니다. 만약 공개해야 될 경우, 사전에 멤버의 동의를 구해야 하며 공개된 이후에 심적으로 불편할 수도 있음을 알려주어야 합니다.

8. 인도자가 자신의 호기심으로 궁금해 하는 태도는 지양해야 합니다. 그리고 멤버가 이야기하고 싶지 않을 때는 언제든지 말하지 않아도 될 권리가 있음을 알려주어야 합니다. 인도자의 최대 의무 가운데 하나는 멤버를 보호하는 것이며, 멤버가 인도자의 이런 마음을 통해 안정감을 느낄 때 모임은 계속 성장할 수 있습니다.

9. 일반적으로 모임의 인도자들은 다른 사람의 문제를 대신 짊어지거나 감정적으로 깊이 관여하고픈 유혹을 자주 느낍니다. 특히 동정심이 많고 타인의 문제에 민감한 사람은 모임 중에 객관성을 상실할 수 있습니다. 도움을 주려는 마음은 숭고한 것이지만 지나친 관여는 멤버에게 도움이 되지 않고 인도자의 탈진을 가져올 수 있습니다. 그러므로 인도자는 자신이 도와주어야 할 영역이 어디까지인지 분명한 한계를 설정하고, 그 한계 내에서 도움을 주어야 지치지 않고 오랫동안 도와줄 수 있습니다.

10. 모임을 인도하다 보면 어떤 문제들은 인도자가 감당하기에는 너무 벅차거나 시간이 요구되는 경우가 있습니다. 깊이 뿌리박힌 정서적 문제나 자살 성향, 또는 파괴적인 충동을 지닌 사람은 전문가(자신의 인도자나 상담자)에게 위탁함으로 적절하게 도움을 구하는 것이 지혜로운 처사임을 명심하십시오.

## 4. 모임을 위한 약속

모임을 시작하기 전에 다음의 약속을 지키기로 다짐을 합니다.

1. 모임에 가능한 적극적으로 임하겠습니다. 그리고 자발적으로 모임에 참여하겠습니다.
2. 멤버에 대하여 비난이나 비판의 마음을 가지지 않도록 노력하겠습니다. 그리고 실수나 잘못에 대해 용납하고 용서하겠습니다.
3. 가능하면 솔직하게 이야기하겠으며, 혹 말하고 싶지 않을 때 다시 용기를 내어 보겠습니다. 그리고 왜 말을 하고 싶지 않은지 생각해보겠습니다.
4. 다른 사람이 이야기할 때 그를 바라보고 그에게 집중하며 마음과 정성을 다해 귀 기울여 듣겠습니다.
5. 멤버들을 격려하고 칭찬하겠습니다. 또한 멤버들의 장점을 찾아서 지지해주겠습니다.
6. 모임 시간 동안에 들은 이야기를 밖에서 절대로 말하지 않겠습니다. 왜냐하면 이 시간 동안에 이야기된 모든 내용은 비밀이 보장되어야 하기 때문입니다.
7. 모임에 지각하거나 결석, 자리이동 등 모임의 분위기를 방해하는 행동을 하지 않겠습니다.
8. 무엇보다 다른 사람을 존중하겠습니다.
9. 어떤 일이 있어도 핸드폰을 꼭 끄고 모임에 임하겠습니다.

날짜 _____

서명 _____

제 1 강

# 사랑으로 품어주는 어머니

1. 자녀에 대하여 무지한 어머니
2. 따뜻하게 품어주는 어머니
3. 자녀를 존중해주는 어머니

# 제 1 강  사랑으로 품어주는 어머니

목표: 사랑의 능력을 가진 어머니의 모습과 자질을 익히고 자녀를
따뜻하게 품어주며 자녀를 존중하는 법을 배웁니다.

 **현재 심정 나누기(10-20분)**

모임을 시작하면서 느껴지는 심정을 진솔하면서도 간단히 나누어 봅시다.

## 1. 자녀에 대하여 무지한 어머니

많은 부모들이 자녀에 대하여 잘 모릅니다. 자녀의 마음과 생각과 그 심리에 대하여 공부하지 않기 때문에 잘 알지 못합니다. 부모에게 대접받은 대로, 부모가 자기를 다룬 대로 그냥 그렇게 아이를 대합니다. 별것도 아닌 자동차운전을 배우는 데도 얼마나 많은 시간과 과정이 필요한지 모릅니다. 많은 공부를 해야 하고 많은 시간 실습훈련을 통해서 자격증을 취득해야 합니다. 그런데 고귀한 우리의 자녀를 양육

함에 있어서 아무런 준비도 하지 않고 자녀를 양육하려 한다면 얼마나 심각한 문제가 발생하겠습니까? 이런 맥락에서 준비되지 않은 부모들은 자녀에 대하여 무면허인 것입니다. 그러므로 자녀에 대하여 연구해야 합니다.

자녀들은 성장하는 과정 중에서 발생하는 발달적 위기가 있습니다. 그리고 언제 무슨 문제가 발생할지 아무도 예측할 수 없는 돌발적인 위기가 항상 있습니다. 그런데 자녀에 대해 연구하지 않는 것은 부모의 교만함이요, 자녀에 대한 무례함이라 할 수밖에 없습니다. 성경은 "자녀를 노엽게 하지 말라"고 권고하고 있는데 이것은 자녀를 양육할 때에 인격적이고 예의있는 태도로 양육하라는 것입니다. 또한 자녀의 심리적, 육체적, 영적 발달을 고려하여 때에 맞는 사랑의 접근이 필요하다는 의미입니다. 자녀는 부모의 소유가 아니며 노예가 아닙니다. 그럼에도 불구하고 우리 자녀들은 부모들의 무례함 때문에 많은 상처를 받고 있습니다.

다이아나 루먼스, 잭 킨필드가 편집한 '만일 내가 다시 아이를 키운다면'에 나오는 글의 한 토막을 인용하고자 합니다. 우리가 부모라면 한번쯤은 멈춰 서서 자신에게 스스로 물어볼만한 부모 고백서입니다.

만일 내가 다시 아이를 키운다면
먼저 아이의 자존심을 세워주고, 집은 나중에 세우리라.
아이와 함께 손가락 그림을 더 많이 그리고, 손가락으로 명령하는 일을 덜 하리라.
아이를 바로잡으려고 덜 노력하고, 아이와 하나가 되려고 더 많이 노력하리라.
시계에서 눈을 떼고, 눈으로 아이를 더 많이 바라보리라.
만일 내가 다시 아이를 키운다면, 지식에 아이를 맞추기 보다는 내 아이 그 자체에 더 많이 관심을 가지리라.
자전거도 더 많이 타고 연도 더 많이 날리리라.
들판을 더 많이 뛰어다니고 별들을 더 오래 바라보리라.

더 많이 껴안아주고, 더 적게 다투리라.

덜 단호하고 더 많이 긍정하리라.

힘을 사랑하는 사람으로 보이지 않고, 사랑의 힘을 가진 사람으로 보이게 하리라.

내 자녀의 능력과 자질, 은사를 찾아서 그가 자신의 비전과 꿈을 더 많이 보도록 인도하리라.

❈ 위 시에 나오는 정신과 철학으로 자녀를 양육한다면 위대한 지도자를 만들 수 있지 않겠습니까? 당신은 그동안 자녀에 대하여 얼마나 알고 양육해오셨는지요?

## 2. 따뜻하게 품어주는 어머니

자녀에게 있어서 가장 중요한 환경적 요인은 바로 어머니입니다. 어머니가 자녀를 어떻게 돌보고 어떻게 반응했는가에 따라 자녀의 내면에 좋은 이미지와 나쁜 이미지가 형성됩니다. 어린 시절에 형성된 이미지는 거의 일평생 영향을 주기 때문에 어머니의 역할은 그 무엇보다 중요합니다.

가장 중요한 어머니의 역할은 자녀를 따뜻하게 품어주는 것입니다. 인간에게는 자기의 존재가 온전히 인정받기를 바라는 욕구가 있습니다. 또한 완전한 존재가 되고 싶은 욕구가 있습니다. 그런데 이러한 욕구가 채워지지 않으면 퇴행된 그 상태에 고착되어 병적인 성격이 되어버립니다. 따라서 병적인 성격으로 발전하지 않으려면 충분한 사랑과 존중을 받아야 합니다. 충분한 사랑과 존중을 받게 되면 오히려 자신에게 집착하지 않게 되고 다른 사람과 인격적인 관계를 잘 할 수 있게 됩니다. 이런 점에서 좋은 어머니란 아이, 특히 갓난 아이였을 때 일시적이고 제한적으로 영아의 전능감을 충족시켜 주는 어머니입니다. 아이에게 전능감을 제공해 줌으로써 자신이 가치있는 존재이며 생명력이 있는 존재임을 느끼게 해 줍니다. 반면, 아기의 전능경험을 충족시켜 주지 못하고, 아기의 욕구를 표현하는 몸짓에 반응하지 못하면 아기는 위축되고 두려워하여 순응적인 아기로 자라게 되면서 건강하고 온전한 자기 존재감을 형성하는 데 어려움이 생깁니다.

그러므로 어머니는 아기가 만족할 만큼 충분히 먹이고 재우며 불안할 때 위로와 공감을 해 줄 수 있는 능력이 필요합니다. 여기에는 아이가 필요로 할 때 정서적으로 또는 신체적으로 아이와 같이 있어주거나 놀아주는 어머니의 활동도 포함됩니다. 이러한 어머니의 역할을 대상관계이론가인 위니컷은 '충분히 좋은 어머니'라고 하였습니다(우리는 '충분히 좋은 어머니'를 '좋은 어머니'라고 부르고자 합니다). 좋은 어머니는 아주 어린 시절인 영아와 유아기 때는 아이의 욕구에 거의 완전하게 적응해줄 수 있는 능력을 가진 어머니입니다. 그런데 이러한 능력은 특별한 결핍이 있지 않는 한 대부분의 어머니들이 할 수 있는 것입니다.

그리고 영아기 때에 아기의 원함을 채워주던 어머니는 이제 시간이 지나면서 아이의 원함을 조금씩 덜 채워줄 수 있어야 합니다. 만약 모든 것이 아이가 원하는 대로 채워지기만 한다면 아이는 적절한 좌절 경험으로부터 이 세상을 배울 수 있는 기회를 박탈당하게 됩니다. 모든 것이 유아가 원하는 대로 계속된다면 과잉보호로 인해 유아는 오히려 인격적인 장애를 입을 수도 있습니다.

좋은 어머니는 유아의 필요에 능동적으로 반응해 주면서도 적절히 좌절을 겪게 하는 어머니입니다. 즉 좋은 어머니는 탄생 직후에는 거의 완전하게 아이의 욕구를 만족시켜 주고, 시간이 지나면서 점진적으로 아이가 좌절을 느끼도록 해 줍니다. 그 결과 유아는 좌절을 견딜 수 있는 능력이 형성됩니다. 좋은 어머니는 유아의 모든 욕구를 다 만족시켜주는 어머니가 아닙니다. 지나치게 만족을 주지도 않고, 지나치게 좌절을 주지도 않으며, 적절한 만족과 적절한 좌절을 주는 어머니가 좋은 어머니인 것입니다. 이를 통해 유아는 어머니에 대한 의존으로부터 서서히 독립의 능력을 갖게 됩니다.

이처럼 환경 중에서 가장 중요한 요인이 바로 어머니입니다. 어머니가 자녀와 어떻게 상호작용하는가에 따라 아이는 달라지고 어머니도 아이의 반응에 따라 달라집니다. 따라서 어머니는 한 사람이지만 아이와 관계하는 어머니는 아이의 수만큼입니다. 큰 아이에게는 엄격하게 대하고 기대를 많이 하는 어머니, 둘째 아이에게는 무관심하고 자기 스스로 자라주기를 바라는 어머니, 셋째 아이는 과잉보호하면서 웬만한 실수는 눈감아 주는 어머니, 이렇게 어머니의 반응이 다르므로 자녀들의 성격이 다르게 나타나게 됩니다. 문제는 누가 양육하느냐가 중요한 것이 아니라, 어떤 상호작용을 통해 성장하느냐 입니다.

※ 이 글을 읽고 당신은 어떠한 어머니인지 생각해 보고 부족한 것이 있었다면 무엇인지 나눠 봅시다.

## 3. 자녀를 존중해주는 어머니

자녀는 자신이 매우 중요한 존재라는 사실을 배워야 하는데 이것을 어머니로부터 배워야 합니다. 그렇다면 자녀를 존중하는 것은 어떠한 태도인지 살펴보겠습니다.

첫째, 존중은 사람을 소중히 여기는 것입니다. 이것은 인간존재 그 자체가 가치가 있다고 믿는 것입니다. 자녀들은 어머니로부터 이런 존중감을 배워야 합니다. 이런 자녀는 자신에 대하여 스스로 존귀함을 갖게 되며 사랑하고 수용하는 마음이 일어납니다. 그리고 자신을 믿어줄 수 있는 능력을 갖게 되어 이 세상을 힘있게 살아갈 수 있게 됩니다.

둘째, 존중은 자녀가 독자적인 인격체임을 인정하는 것입니다. 이것은 어머니가 자녀의 독특성을 지원하는 것입니다. 즉 자녀가 자신을 독특한 존재로 만들어 갈 수 있도록 돕는 것입니다. 좋은 어머니는 자녀를 변화시키는 데 노력을 기울이지만, 이것은 어머니가 원하는 이미지로 자녀를 변화시킨다는 의미는 아닙니다.

셋째, 존중은 자녀가 삶의 문제를 효율적으로 조정해 나갈 수 있도록 적절하게 지도합니다. 자녀를 존중하는 어머니는 자녀가 자신의 자원을 개발하도록 돕습니다. 이것은 자녀의 독특성과 개성을 존중하는 어머니의 태도에서 비롯됩니다. 좋은 어머니는 자녀 스스로 자신의 자원을 발견하도록 돕습니다. 좋은 어머니는 자녀에게 꼭 필요하다고 판단되는 경우가 아니면 어떤 것이든 자녀를 대신해서 행동실천을 하지 않습니다. 단지 자녀에게 자녀가 실천에 옮기도록 돕는 역할을 할 뿐입니다.

넷째, 존중은 타인에 대한 존중과 함께 상황에 대해서도 수용하는 마음을 갖는 것입니다. 나를 존중하고 수용하듯이 타인을 존재 자체로서 존귀하게 여겨 수용하며, 상황을 수용하는 능력을 갖게 만듭니다. 이러한 능력의 사람을 가족치료자인 사티어는 '일치형 사람'이라고 하였습니다. 일치형의 사람들은 사건과 타인, 상황 모두를 존중하며 신뢰합니다. 개인의 특성을 존중하고 자신의 내적, 외적 자원들을 사용하며 대화가 개방적입니다. 자신과 타인을 사랑하며, 변화에 대하여 융통적이고, 상황을 아는 위치에서 반응하기를 원합니다. 일치된 말과 일치된 정서를 사용합니다. 그리고 상황에 따른 자신과 타인과의 만남을 위해서 상황에 따른 마음을 언어로 표현할 수 있는 의사소통능력을 가진 사람입니다. 의사소통은 서로의 감정을 나누며 상대방을 이해할 수 있는 방법이기 때문에 이를 통하여 다른 사람과의 관계를 유지하며, 또 그 사람에게 어떤 일이 일어나고 있는가를 압니다.

자녀를 존중하는 어머니는 자녀를 대할 때마다 "너는 없어서는 안될 소중한 존재"임을 매순간 확인시켜 주어야 합니다. 자녀들은 자신의 존재가 어머니께 중요한지의 여부를 항상 시험합니다. 자녀들은 부모님의 사랑을 먹고 삽니다. 자녀를 존중하는 어머니는 자녀의 모습 그대로를 수용해 줍니다. 이러한 존중 경험은 건강한 자아상 형성에 가장 중요한 요소입니다. 자아상에 대해서는 뒤에서 자세히 살펴보겠습니다.

❀ 당신은 그동안 자녀를 존중하는 삶을 사셨는지요? 만일 부족한 것이 있었다면 무엇인지 생각해보고 나누어 봅시다.

 활동

## 1. 자녀 존중지수 알아보기

다음의 각 질문을 읽어보고 그 문제에 대한 답을 표시해 보세요.
① 결코 아니다. ② 드물게 ③ 가끔 그렇다. ④ 자주 그런 편이다. ⑤ 항상 그렇다.

### 1) 자녀의 개성 존중

| 번호 | 내 용 | 점수 |
|---|---|---|
| 1 | 당신은 편애를 하지 않으면서 자녀를 공평하게 다루는가? | ① ② ③ ④ ⑤ |
| 2 | 당신의 기질이나 개성과는 다른 자녀의 차이점을 받아들이는가? | ① ② ③ ④ ⑤ |
| 3 | 당신과는 다른 자녀의 능력을 인정하는가? | ① ② ③ ④ ⑤ |
| 4 | 자녀로 하여금 자신의 옷과 신발을 스스로 선택하도록 허락하는가? | ① ② ③ ④ ⑤ |
| 5 | 자녀가 무엇인가를 시도하려 할 때 새로운 행동을 하도록 용기를 북돋워주는가? | ① ② ③ ④ ⑤ |
| 6 | 당신이 결코 흥미를 가져보지 않았던 기술을 배우려는 자녀를 인정하는가? | ① ② ③ ④ ⑤ |
| 7 | 자녀의 어려움을 덜어주기 위해 당신의 어린시절 이야기를 들려주는가? | ① ② ③ ④ ⑤ |
| 8 | 자녀의 기호를 고려하여 싫어하는 음식을 억지로 먹게 하지 않고 먹을 만큼 먹게 하는가? | ① ② ③ ④ ⑤ |
| 9 | 식당에 갔을 때 당신 자녀로 하여금 한도 내에서 식사를 선택할 수 있도록 허락하는가? | ① ② ③ ④ ⑤ |
| 10 | 당신은 자녀가 갖고 있는 독특한 장점을 인정하고 북돋워주는가? | ① ② ③ ④ ⑤ |

체크한 번호를 모두 합하여 점수로 환산합니다.
- 40점 이상 : 자녀의 개성을 잘 존중하고 있습니다.
- 35-39점 : 비교적 원만하고 성공적으로 자녀의 개성을 존중하고 있습니다.

- 30-34점 : 자녀의 개성을 더 존중하도록 노력해야 합니다.
- 25-29점 : 자녀와의 관계에서 문제가 많이 생길 수 있습니다.
- 25점 미만 : 자녀와의 관계 개선이 시급합니다.

2) 자녀의 의견 존중

| 번호 | 내 용 | 점수 |
|---|---|---|
| 1 | 일상의 대화에서 자녀의 의견을 물어보는가? | ① ② ③ ④ ⑤ |
| 2 | 자녀가 당신에게 이야기할 때 참으로 경청하는가? | ① ② ③ ④ ⑤ |
| 3 | 당신은 자녀가 나름대로 씨름하고 있는 문제를 민감하게 느끼는가? | ① ② ③ ④ ⑤ |
| 4 | 당신은 자녀가 얘기할 때 주의를 기울여 듣는가? | ① ② ③ ④ ⑤ |
| 5 | 자녀가 당신과 의견이 다를지라도 의견을 자유롭게 표현하도록 하는가? | ① ② ③ ④ ⑤ |
| 6 | 당신과 자녀와 의견이 일치하지 않을 때, 부모라는 것 때문에 자녀들의 의견을 무시하지 않고 받아들여 주는가? | ① ② ③ ④ ⑤ |
| 7 | 누군가 당신 자녀에게 질문할 때 당신은 자녀들의 대답을 대신하여 대답하지 않고 자녀가 말하기를 기다리는가? | ① ② ③ ④ ⑤ |
| 8 | 당신의 자녀는 당신의 가치관과 상반되는 자신의 세계와 친구에 대해서도 자유롭게 말할 수 있는가? | ① ② ③ ④ ⑤ |
| 9 | 자녀가 무엇인가 당신과 나누고 그것을 비밀로 지켜달라고 하면 당신은 약속을 지키는가? | ① ② ③ ④ ⑤ |
| 10 | 자녀의 중요한 관심사에 대해 알고 있는가? | ① ② ③ ④ ⑤ |

체크한 번호를 모두 합하여 점수로 환산합니다.
- 40점 이상 : 자녀의 생각이나 의견을 잘 존중하고 있습니다.
- 35-39점 : 비교적 원만하고 성공적으로 자녀의 생각이나 의견을 존중하고 있습니다.
- 30-34점 : 자녀의 생각이나 의견을 더 존중하도록 노력해야 합니다.
- 25-29점 : 자녀와의 관계에서 문제가 많이 생길 수 있습니다.
- 25점 미만 : 자녀와의 관계 개선이 시급합니다.

❀ 자녀를 좀 더 존중해주어야 할 영역을 발견하셨는지요? 그렇다면 당신이 희망하는 변화를 적어보고 어떻게 할 것인지 구체적으로 생각해보세요.

 결심

1. 이 강을 통해서 느낀 것들은 어떤 것들인가요?

   1) 어머니로서 잘 하고 있는 점

   2) 어머니로서 아쉬운 점

## 2. 앞으로 새롭게 시도하거나 나의 삶에 적용해야 할 것이 있다면 무엇입니까?

1) 결심 사항

| 번호 | 결 심 사 항 |
|---|---|
| 1 | |
| 2 | |
| 3 | |

2) 구체적인 실천방안

| 번호 | 실 천 방 안 | 확인받기(언제, 누구에게) |
|---|---|---|
| 1 | | |
| 2 | | |
| 3 | | |

제 2 강
# 신적 자존감을 심어주는 어머니

1. 신적 자존감 심어주기
2. 신적 애착 형성하기
3. 말씀 중심의 삶을 보여주기

# 제 2 강 신적 자존감을 심어주는 어머니

목표: 자녀를 하나님이 만드신 독특한 '자기 자신'이 되도록
양육하는 어머니가 되도록 합니다.

 **현재 심정 나누기(10-20분)**

모임을 시작하면서 느껴지는 심정을 진솔하면서도 간단히 나누어 봅시다.

## 1. 신적 자존감 심어주기

하나님이 창조하신 사람은 누구나 무한한 잠재능력이 있습니다. 그뿐만 아니라 같은 종류의 꽃이나 풀잎이 서로 다르듯이 사람은 각자 자기만의 독특한 아름다움이 있습니다. 그것은 그 어떤 것과도 비교할 수 없는 영원한 존재로서의 존엄성입니다. 이렇듯 한 사람, 한 영혼이 소중하듯이 우리의 자녀 역시 특별한 존재입니다. 이런 우리의 자녀가 얼마나 큰 인물이 되는가는 부모가 자녀를 어떻게 대하는가에 따라

달라집니다.

  우리의 가능성은 하나님이시며 하나님께서는 우리에게 무한한 축복을 주고 싶어 하십니다. 그 축복은 야곱을 이스라엘이 되게 하시며 요셉을 요셉 되게 하신 하나님의 축복입니다. 인생이 바라볼 수 있는 축복과 비전은 하나님입니다. 하나님이 내 생애 목표요, 꿈이요, 비전일 때 우리의 인생은 가장 빛나고 복될 수 있습니다. 그리고 이 삶을 우리 자녀에게 보여주어야 합니다. 하나님이 나의 전부인 것을 내 삶 속에서 구체적인 사건을 가지고 나의 자녀들에게 보여 줄 때 자녀는 '아, 우리 부모님이 그렇게 사셨구나… 나도 부모님처럼 살아야지…!'라고 생각하게 됩니다. 아무리 많은 말로 예수님에 대해 설명해 본들 그것이 무슨 본이 되며 감동이 되겠습니까? 부모가 자신의 삶을 통해 그리스도를 소개할 때 자녀의 가슴 속에 파문이 일게 됩니다.

  에베소서 1장 4절은 '창세 전에 영원 전부터 하나님이 나를 사랑하시고 나를 구원하셨다'라고 말씀합니다. 예레미야 31장 3절은 "내가 너희를 향하여 무궁한 사랑으로 너희를 사랑하고 내가 인자함으로 너희를 인도 하였도다"라고 말씀합니다. 하나님이 사람을 만드실 때 독특하고 유일무이하며 존엄한 인격으로 창조하신 것입니다. 모든 가능성의 원천은 바로 나를 창조하신 하나님으로부터 오는 것입니다. 하나님께서는 모든 것들을 그 목적에 따라 만드셨으며, 그 중에서도 가장 아름다운 걸작품은 바로 우리 인간입니다. 그 표현이 바로 "보시기에 심히 좋았더라!"는 감탄의 말씀 속에 나타나 있습니다. 하나님께서 천지만물을 창조하셨지만 유독 인간만 당신의 형상대로 창조하셨습니다.

  따라서 자녀 교육의 기본 원리는 하나님이 만드신 독특한 '자기 자신'이 되게 하는 것입니다. '자기 자신'이 될 때에 비로소 우리 아이들은 '최고의 존재'가 될 수 있으며 가장 아름다운 보석으로 빛날 것입니다. 이러한 최고의 존재라는 인식은 어디에서 나오는 것일까요? 그것은 내가 전능하신 하나님께 사랑받는 자녀라는 자아상에서 출발하는 것입니다. 나는 이러한 자아상을 가지고 사는 마음을 '신적 자존감'이라 부르고 싶습니다. 원래 자존감이란 자기 존재에 대한 자부심을 의미하는데 저는 자기에 대한 인식을 자신에서 시작하는 것이 아니라, 하나님이 보시는 시각으로 자기를 보도록 한다는 의미에서 '신적'이라는 단어를 추가하여 사용하고자 합니다.

20세기에 타고난 지성 프란체스코 박사는 이렇게 말했습니다. "인간은 죄악 된 존재인 것이 사실입니다. 그러나 인간은 여전히 놀라운 존재입니다." 그렇습니다. 우리는 죄인입니다. 그러나 하나님의 사랑받는 자녀요, 그분의 축복받고 있는 자녀입니다. 바로 이 사실이 인간의 존엄의식을 만들어 나가는 것입니다. 그러므로 나를 향한 하나님의 기대, 나를 향한 하나님의 그 마음을 가지고 내 삶의 존엄과 그 자존감을 회복해 가는 것입니다. 바로 이것이 신적 자아상입니다. 우리는 이런 의식을 가지고 나를 보아야하며 나의 자녀를 보아야 합니다. 바로 그때, 그 어떤 실망이나 부족, 어려움에도 불구하고 담대하게 다시 일어서서 아름답게 살아갈 수 있을 것입니다.

성경은 이렇게 약속하고 있습니다. "너희 속에 착한 일을 시작하신 이가 그리스도 예수의 날까지 이루실 줄을 우리가 확신하노라(빌 1:6)." "너희 안에 행하시는 이는 하나님이시니 자기의 기쁘신 뜻을 위하여 너희로 소원을 두고 행하게 하시느니라(빌 2:13)."

창조하신 그분이 우리 생애의 마지막을 바라보시며 우리의 삶을 그렇게 이끌어가고 있다고 말씀하십니다. 우리는 부족합니다. 그러나 그분의 능력과 도우심으로 말미암아 완성될 날을 기다리고 있는 것, 바로 이것이 우리의 소망입니다. 그러므로 하나님의 가치로 자기를 사랑하는 것을 배워야 하며 그것은 계속 강화되어야 합니다. 그 강화는 자기 절망 이후에 그리스도의 은혜에 대한 절대적 의존에서 나오는 힘입니다.

더 나아가 우리는 하나님의 형상으로 지음 받은 존재이기에 하나님은 우리를 특별한 소유로 삼을 것이라고(말 3:17) 말씀하신 약속의 말씀을 계속 믿음으로 바라보는 것입니다. 인간이 얼마나 소중한 존재인지, 인간의 가치에 대해서 성경에서는 심히 귀한 존재, 예수님의 목숨과도 바꿀 만큼 귀한 존재로 보고 있습니다. 우리 자녀가 이런 자존감을 가질 수 있다면 이것보다 더 값진 것이 어디에 있겠습니까?

❈ 당신은 스스로를 어떻게 여기십니까? 자신을 신적자존감을 가진 존재로 보기 위해서 어떻게 해야 할지 나누어 봅시다.

## 2. 신적 애착 형성하기

### 1) 일반 애착

애착이란 주요 양육자(아버지, 어머니)와 따뜻하고 친밀한 관계맺음을 하는 것입니다. 부모와 안정적으로 애착을 형성한 자녀는 이후 성인이 되었을 때 다른 사람들과 좀 더 쉽게 안정적인 관계를 맺으며, 가정생활과 직장생활에서도 성취감과 행복감을 누리며 살아갑니다. 안정애착에는 두 가지가 있는데 좋은 부모 밑에서 편안하게 커서 처음부터 안정애착을 형성한 사람, 그리고 부모가 힘들게 하고 속상하게 한 적이 많았지만 스스로 자신의 단점을 고치려고 부단히 노력해서는 얻은 안정형, 즉 '획득한 안정형'이 있습니다.[1] 안정형 어머니는 자녀들의 마음을 헤아릴 줄 알고, 대체로 자신의 자녀들도 안정형으로 키웁니다.

하지만 부모와 안정적인 애착을 맺는데 실패한 사람들은 삶을 살아가는데 있어 많은 문제들이 발생하곤 합니다. 이들은 대개 아이들의 마음을 잘 헤아리지 못하거나, 아이는 낳으면 저절로 큰다는 잘못된 생각을 갖고 있습니다. 애착 유형에 따라 자신과 타인에 대하여 어떤 생각을 하는지 정리하면 다음과 같습니다(노경선, 2007, 69-85).

---

[1] 좋은 부모를 만나 자연스럽게 형성된 것이든 스스로 노력해서 획득한 것이든, 이러한 안정형은 전체 성인의 3분의 2를 차지합니다. 반면 나머지의 3분의 1의 성인들은 부모와의 관계에서 형성된 불안정한 마음 패턴, 즉 불안정애착에 기반을 둔 마음 패턴을 갖고 있습니다.

### 〈자신과 타인에 대한 생각을 기준으로 본 애착 패턴〉

| | | 나에 대한 생각 | |
|---|---|---|---|
| | | 긍정적 | 부정적 |
| 타인에 대한 생각 | 긍정적 | **〈안정형〉**<br>☞ 나에게도 타인에게도 긍정적인 생각을 갖고 있는 유형<br>• 다른 사람과의 친밀한 관계를 즐긴다.<br>• 혼자 있을 때 편안하고 안정감을 느낀다. | **〈집착형〉**<br>☞ 나에게는 부정적이지만 타인에게는 긍정적인 생각을 갖고 있는 유형<br>• 대인관계에 집착하며, 남에게 지나치게 의존한다.<br>• 혼자 있을 때는 긴장과 불안으로 분노를 느낀다. |
| | 부정적 | **〈무시형〉**<br>☞ 나에게 대해서는 긍정적이지만 타인에게는 부정적인 생각을 갖고 있는 유형<br>• 친밀한 관계를 부담스러워하며, 자기 감정을 드러내지 않거나 외면한다.<br>• 혼자 있을 때 편안하고 안정감을 느낀다. | **〈혼란형〉**<br>☞ 나에게도 타인에게도 부정적인 생각을 갖고 있는 유형<br>• 나 자신을 못마땅하게 여기고, 다른 사람은 무서워한다.<br>• 친밀한 관계를 두려워한다.<br>• 누군가 나를 쳐다보면 공포에 빠진다. |

불안정 애착 유형에는 무시형, 집착형, 혼란형이 있습니다. 그중 무시형은 아이가 성장하는 데 필요한 사랑이 부족해서 형성된 애착 패턴입니다. 엄마와 가까이 있으려는 본능적 행동을 거부당하고, 엄마의 사랑을 충분히 받지 못하여 외로움과 억울함이 마음속에 혼재되어 있습니다. 지속적인 무관심, 부족한 사랑, 거부당하는 분위기 속에서 성장하여 감정 자체를 회피하고 무시하며 다른 사람과의 관계를 피합니다. 또는 부모가 자녀를 지속적으로 비난하고 공감해 주지 않거나 잔소리가 심하고 짜증과 화를 내면서 아이를 통제할 경우에도 이런 패턴을 형성합니다.

집착형은 부모 가운데 특히 엄마가 자신의 기분에 따라 아이의 요구를 수용하기도 하고 거절하기도 하는 경우를 반복했을 경우 이런 패턴이 형성됩니다. 아이는 받기는 받지만 언제 배척받을지 모르는 불안감에 휩싸이게 되고, 엄마에게 더 악을 쓰며 매달리게 됩니다.

혼란형은 아이가 엄마에게 애착체계가 형성되기는 했으나 그것이 정상적으로 작동이 되지 않고, 말 그대로 혼란을 야기시키는 경우에 해당이 됩니다. 자녀에게 원래 문제가 있거나 어머니에게 문제가 큰 경우, 자녀가 혼란형 불안정 애착을 형성합니다.

### 〈집착형 불안정애착을 만드는 부모의 행동〉

1. 이랬다저랬다 하는 부모
아이를 밀어냈다가도 미안해하면서 지나치게 잘해주기를 반복합니다. 자기 기분이 좋으면 잘해주고 기분이 나쁘면 짜증을 내는데, 그 기준이 아이가 아니라 부모 자신에게 맞춰져 있습니다. 그러므로 아이는 자신이 원하는 것을 부모가 해줄지 안 해줄지 알지 못해 불안하고 초조한 나머지 떼를 쓰게 됩니다.

2. 강압적인 원칙을 아이에게 강요하면서 협박하는 부모
"너 엄마가 시키는 대로 안하면, 엄마는 이 자리에서 죽어버릴 거야", "말 안들으면 죽여버린다", "그렇게 마음대로 할 거면 차라리 너 죽고 나 죽자"라는 말을 자주 하는 부모 밑에서 자란 아이는 매우 불안정한 성격 패턴을 형성하게 됩니다.

### 〈무시형 불안정애착을 만드는 부모의 행동〉

1. 물리적, 정신적으로 부모가 없었던 경우
   부모와의 사별이나 부모의 이혼, 또는 엄마나 아빠가 장기간 입원해서 부모 자녀 간의 접촉이 차단된 경우에 해당합니다. 부모와 자주 떨어져 지낸 경험이 있습니다.

2. 공감 능력이 떨어지는 부모
   자신의 욕구와 감정을 억제하고 다른 사람의 감정과 욕구도 무시하며 아이에게 공감해 주지 못합니다.

3. 심하게 간섭하고 귀찮게 하는 부모
   잔소리가 심하며 아이의 행동을 지나치게 통제합니다. 이런 경우 아이는 자기보호의 일환으로 부모를 피하게 됩니다.

### 〈혼란형 불안정애착을 만드는 부모의 행동〉

1. 아이가 힘들어하는데 위로하고 해결해 주지 않는다. 아이는 우는데 오히려 엄마는 웃는다.
2. 아무런 이유나 진실성 없이 호들갑스럽게 아이를 대한다.
3. 적절하고 합리적인 한계 설정을 전혀 하지 못한다.
4. 아이를 가까이 오라고 해놓고, 막상 오면 도망가버리는 황당한 장난을 친다.

## 2) 신적 애착

신적 애착은 하나님에 대한 사랑의 몰입으로 하나님의 사랑에 응답하는 것을 의미합니다. 그리스도인에게는 부모와의 관계에서 형성된 애착 외에 하나님과의 관계에서 형성되는 애착이 있습니다. 부모와 안정적인 애착을 형성하지 않았다하더라도 하나님과 사랑의 관계가 깊은 사람은 하나님과 건강한 애착관계를 형성할 수 있습니다. 성경에서는 "내 부모는 나를 버렸으나 여호와는 나를 영접하시리이다(시편 27:10)"라고 말씀하시면서, 육적인 부모와 질적으로 다른 차원의 무조건적인 하나님의 사랑이 우리를 감싸안고 있다고 말씀하고 있습니다. 그러므로 하나님의 전적인 사랑을 감사함으로 받아들일 때 하나님과 신적 애착에 눈뜨게 됩니다. 모든 그리스도인은 하나님의 사랑과 그분의 신실하심 때문에 이미 하나님과 애착이 되어있습니다. 다만 나 자신이 그것을 충분히 인식하지 못하기 때문에 삶이 힘들어지는 것입니다.

하나님과의 인격적인 만남은 인간관계에서 경험한 애착보다 더 높고 깊은 수준의 애착을 형성합니다. 하나님과의 신적 애착이 긍정적이면서도 안정적으로 이루어진 사람은 육신의 부모와의 애착보다 더 강력한 긍정적인 힘을 낳습니다. 즉 하나님께서 주시는 능력과 은사를 받게 되어 삶의 변화가 이루어지게 됩니다. 이러한 신적 애착을 통해 부정적이었던 육신의 부모와도 새로운 관계를 맺을 수 있습니다. 만약에 자신이 부모와 안정적인 애착을 형성하지 않았다면, 자신이 어떤 면에서 취약한지 발견하고 그것을 극복하기 위해 노력해야 합니다. 그리고 여기에서 더 나아가 하나님과의 신적 애착을 자신의 것으로 받아들이기 위해 노력해야 합니다.

## 3. 말씀 중심의 삶을 보여주기

하나님께서는 사람들에게 누구나 가치 있고 아름답고 행복하게 살 수 있도록 능력을 부여하셨습니다. 따라서 자기 안에 있는 능력을 얼마나 잘 발견하고 개발해내느가에 따라 그 사람의 인생이 결정된다고 할 수 있습니다. 귀중하고 아름답고 값비싼 광석을 함유한 광맥이라 하더라도 발견하여 캐내지 않으면 그냥 버려질 뿐입니다. 마찬가지로 우리들 자녀 속에 귀한 광맥이 숨겨져 있다고 해도 그저 스쳐지나가 버리면 무슨 의미가 있겠습니까? 여러분은 자녀 속에 있는 귀한 보물을 알고 그것을 잘 개발해오셨는지요? 잘못된 선입관과 혼탁한 가치관의 눈으로 자식을 바라보기 때문에 그 속에 숨겨져 있는 찬란한 보석을 지나쳐버리지는 않으셨는지요?

급속하게 붕괴되고 있는 우리 사회의 파괴적인 도덕성은 전 세계적인 흐름입니다. 오직 적합한 곳에 닻을 견고히 내린 아이들만이 그 강하고 위압적인 물살에서 간신히 살아남을 기회를 가질 수 있습니다. 인터넷 접속에서부터 계산대에 진열되어 있는 잡지에 이르기까지 부도덕한 영상과 타락된 정보가 우리 자녀들 주위에서 소용돌이치고 있습니다. 순수함이 가치를 지니고 인간의 생명이 존중받으며 하나님을 경외하던 시대는 지나가버린 것처럼 보입니다. 오늘날 국내외적인 여러 폭력과 낙태로 인해 인간의 생명이 얼마나 하찮게 취급되고 있는지 통탄할 노릇입니다. 뿐만 아니라 하나님과 그분을 따르는 자들을 조롱거리로 만드는 사악한 성적인 타락을 봅니다. 오래 전에는 하나님의 이름이 높임을 받으시며 믿지 않는 자들에게서조차 존경을 받았지만, 지금은 그리스도인들이 농담의 대상이 되고 하나님마저 어리석은 인물로 TV속에 그려지고 있습니다.

기독교 변증론자인 조쉬 맥도웰은 이 시대의 도덕 불감증의 심각성을 이렇게 묘사하고 있습니다.

"이 세대가 부정직과 불경과 성적 문란과 폭력과 자살에서 신기록을 수립하고 있는 가장 중요한 원인 중에 하나는 자신들의 도덕적 지주를 잃어버렸기 때문입니다.

즉 도덕과 진리에 대한 그들의 근본적인 믿음이 쇠퇴했기 때문입니다."

얼마나 옳은 말인지요! 오늘날 널리 퍼져 있는 잘못된 사고의 경향은 "내가 옳다고 생각하는 것은 무엇이든지 다 옳으며 절대적인 것이란 없다. 스스로 인생의 규칙을 만들어라. 그것이 좋다고 느껴지면 그냥 해라."는 정서적인 충동에 인생을 맡기는 이런 류의 철학이 득세하고 있습니다. 그릇된 철학의 홍수는 우리의 어린이와 젊은이의 생각과 가치관을 휩쓸고, 결국에는 비참한 패배감을 맛보게 할 뿐입니다.

우리는 부모로서 우리의 자녀들을 이러한 영향력들로부터 어느 정도는 보호할 수 있습니다. 하지만 그들의 머릿 속에 들어가는 모든 것을 통제할 수는 없습니다. 이 세상의 사고방식으로부터 그들을 완전히 차단할 수는 없습니다. 만일 자녀들이 학교에 다닐 나이라면 그들은 하루 중 가장 중요한 시간 동안 우리와 떨어져 있게 됩니다. 그러나 아무리 세상적인 생각들이 그들의 감수성에 영향을 주더라도 굳게 서 있도록 해 주는 도덕적 진리의 토대, 즉 그 물살을 막을 힘과 용기를 주는 견고한 반석을 마련해 줄 수 있습니다.

그 토대는 바로 하나님의 말씀입니다. 성경은 우리 자녀들에게 유산으로 전해 줄 영원한 진리입니다. 그러므로 우리가 성경의 진리들을 충실하게 가르치고 이 교훈대로 살아가도록 우리 자녀들을 돕는다면, 그들은 홍수 속에서도 안전한 항구를 가질 것이고 확실한 인생 지반을 가지게 될 것입니다.

❀ 당신은 저자의 생각에 동의하십니까? 여러분의 생각과 느낌을 나누어 봅시다.

 활동

### 1. 어머니와의 애착 관계 점검

| 번호 | 내 용 | |
|---|---|---|
| 1 | 내가 어렸을 때 어머니가 멀게 느껴질 때가 자주 있었다. | ☐ |
| 2 | 내가 어렸을 때 어머니는 실제로 떨어져 있을 때가 자주 있었다. | ☐ |
| 3 | 어머니는 화가 나거나 좌절할 때 화를 냈지만 다른 감정은 표현하지 않았다. | ☐ |
| 4 | 어머니는 친한 친구가 없거나 직장에서 친하게 지내는 사람이 없었다. | ☐ |
| 5 | 어머니는 특히 나에게 좋은 감정을 표현하는 일이 드물었다. | ☐ |
| 6 | 어머니와 나와의 관계는 일관성이 없었다(신체적으로나 정서적으로 때로는 내곁에 없을 때가 많았다). | ☐ |
| 7 | 어머니는 자주 우울하거나 슬퍼 보였다. | ☐ |
| 8 | 어머니는 활기가 별로 없거나 나와 놀이나 활동을 함께 하지 않는 편이었다. | ☐ |
| 9 | 내가 성장하는 동안 어머니는 내 생활에 관여를 거의 하지 않았다. 나에 대해서도 잘 모르고, 나의 관심이나 친구 관계에 대해서 아는 것이 별로 없었다. | ☐ |
| 10 | 어머니는 자신의 직업에 대해서 만족감이나 긍지를 표현한 적이 없다. | ☐ |

〈점수 해석〉

〈어머니와의 애착 관계 점검〉에 표시한 것이 한두 개 정도이면 어머니와의 애착 문제가 인간관계나 직장생활에 크게 영향을 주는 정도는 아닙니다. 3개 이상의 항목에 체크했다면 과거에 어머니와의 애착에 문제가 있었으며, 그것이 현재의 삶과 다른 여러 생활에 상당한 지장을 줄 가능성이 높습니다.

〈대안〉

자녀와의 관계나 일반적인 인간관계에서 문제가 생기는 경우, 애착이 중요한 요인으로 작용하곤 합니다. 지금이라도 어머니가 살아계시든 돌아가셨든지 간에 어머니와 긍정적인 관계를 형성하기 위해 노력해야 합니다. 교재에 나와있는 내용에 따라 배우고 훈련해가다 보면 당신은 하나님과도 안정적인 애착을 형성하게 될 것입니다.

❈ 위의 설문지를 체크하고 나타난 결과를 보며 어떤 마음이 드십니까? 그리고 관계 개선이 필요하다면 어떠한 노력을 하는 것이 좋을지 나누어 봅시다.

 미래를 향하여

## 1. 이 강을 통해서 느낀 것들은 어떤 것들인가요?

1) 어머니로서 잘 하고 있는 점

2) 어머니로서 아쉬운 점

## 2. 앞으로 새롭게 시도하거나 나의 삶에 적용해야 할 것이 있다면 무엇입니까?

1) 결심 사항

| 번호 | 결심 사항 |
|---|---|
| 1 | |
| 2 | |
| 3 | |

2) 구체적인 실천 방안

| 번호 | 실천 방안 | 확인받기(언제, 누구에게) |
|---|---|---|
| 1 | | |
| 2 | | |
| 3 | | |

제 3 강
# 신적 자아상을 키워주는 어머니

1. 자아상의 형성
2. 긍정적 자아상의 특징
3. 신적 자아상

# 제 3 강 신적 자아상을 키워주는 어머니

목표: 하나님의 형상으로서의 신적 자아상을 형성할 수 있는 어머니가 되도록 합니다.

### 현재 심정 나누기(10-20분)

모임을 시작하면서 느껴지는 심정을 진솔하면서도 간단히 나누어 봅시다.

## 1. 자아상의 형성

자아상(self-image)이란 사람이 자신에 대해서 가지고 있는 그림(image)이나 형상을 가리키는 말로서 자신에 대한 지각, 관념 및 태도의 독특한 체계, 혹은 정체성(identity)을 말합니다. 자아상은 자신이 느끼는 자기 이미지로서 중요한 타인이 나에 대해서 말하거나 피드백하는 것에 의해 만들어지기 때문에 중요한 타인의 역할이 너무나 중요합니다. 따라서 자아상은 사람이 자기 자신에 대하여 가지는 개념의 총화라고 할 수 있습니다. 자아상은 어머니 모태에서부터 그려지기 시작하여, 출생 후

60개월을 전후하여 그 기초가 형성되며, 초·중·고등학교를 거쳐 18세 경에 그 윤곽이 드러납니다.

미국의 외과 의사 버니 시걸(Bernie S. Siegel)의 임상 통계 보고에 의하면 암환자의 85% 이상이 어머니의 모태에서 이미 암이 시작된 것이라고 합니다. 이렇게 인간은 이미 모태에서 시작되는 면이 있기에 태교는 중요합니다. 사람의 정신 구조 형성기를 보면 무의식(Id)은 선천적인 요소이며, 36개월을 전후하여 의식(Ego)이 형성되고, 60개월을 전후하여 초자아(Superego)가 형성됩니다. 그래서 이 때까지를 자아상이 형성되는 중요한 시기라고 봅니다. 그러므로 대개의 경우 생후 60개월 까지는 어머니의 양육이 강조되는 것입니다. 그 후 유년 시절·초등학교 시절에는 아빠나 선생님과의 관계를 통해, 그리고 중·고등학교 시절에는 친구나 연예인등 이상화 대상을 통하여 자아상은 완성됩니다. 그러나 그 이후에도 끊임없이 자아상은 성숙과 퇴보를 계속할 것입니다(심수명, 2005, 64).

자아상이란 부모, 특별히 어머니가 어렸을 때(모태-생후 60개월)에 해 준 메시지에 따라서 건설적일 수 있고, 파괴적일 수도 있습니다. 부모들이 보내는 메시지 속에는 건설적인 것에서부터 파괴적인 것, 생산적인 것에서부터 비생산적인 것까지 여러 형태가 있지만, 특히 병적인 성격을 가진 부모들은 자녀들의 자아상에 치명적인 상처를 주게 됩니다.

게리 스몰리라는 교육학자는 이런 주장을 합니다.

"한 어린이가 장래 직업에서 이루게 될 성취의 수준이나 좋은 습관, 어울리는 친구들의 수준, 심지어 결혼 상대자까지도 그 아이가 자신에 대해서 가지는 이미지와 깊은 관계를 갖는다."

빈약한 자아상을 가진 아이는 빈약한 선택을 하는 경향이 있으며, 좋은 자아상을 가진 아이는 좋은 선택을 하는 경향이 있습니다. 이것은 비전과 꿈을 꾸는 일에도 적용됩니다. 자존감이 부족하고 자신의 가치에 관해 낮은 평가를 하는 어린이는 꿈이 없고, 만약 꿈을 꾼다고 해도 상당히 낮은 소망을 품게 됩니다. 그러나 자신의 존재에 대해, 가치에 관해 건강한 생각을 갖고 있는 어린이는 대개 크고 대담한 꿈을 꿉니다. 왜냐하면 자신이 성취할 수 있다고 믿기 때문입니다.

어떤 사람도 자기 내면의 화랑에 걸린 그림 이상의 사람이 되지 못합니다. 성공하는 사람은 성공한 자기 그림이 내면에 걸려 있습니다. 반면에 실패하는 사람은 자기 내면에 걸려 있는 그림에서 실패한 자기 모습을 봅니다. 사람은 자신의 내면에 걸린 그림을 먼저 보고, 그 그림의 모습을 인생으로 완성합니다. 그래서 내면에 걸린 자기 이미지는 실제 삶의 밑그림이 되는 것입니다. 그러므로 자기 인생을 바꾸려는 사람은 먼저 자기가 소유한 자아상을 바꾸어야 합니다. 이렇게 사람은 자기가 소유한 자아상에 따라 행동하며 통합된 삶의 모습을 보이고자 합니다.

IQ 140 이상의 천재들만 모이는 멘사(Mensa)협회 회장이었던 빅터 세리브리아코프의 이야기입니다. 그가 열다섯 살이었을 때 그의 학교 선생님은 이 아이가 결코 학교를 마칠 수 없다고 생각했습니다. 그래서 "공부는 집어치우고 장사를 배우는 것이 낫겠다."고 말했습니다. 빅터는 그 충고를 받아들였고, 그 후 17년 동안 별의별 직업을 다 가져 보았습니다. 그는 자신이 저능아인 줄 알았고, 17년 동안 저능아처럼 행동했습니다. 그러나 빅터가 32세가 되었을 때 깜짝 놀랄 만한 일이 일어났습니다. IQ 테스트에서 빅터가 IQ 161의 천재라는 사실이 드러난 것이었습니다. 그 후 빅터는 천재처럼 행동하며 살았습니다. 그래서 그는 책을 쓰고, 많은 특허를 냈으며 성공적인 기업가가 되었습니다.

로젠탈 초등학교에서 실험을 하였습니다. 실험자는 지능 향상을 예측하기 위한 테스트라고 가장하고 어린이들에게 지능검사를 했습니다. 그리고 나서 아이들 중 20%를 무작위로 뽑아 "이 아이들은 앞으로 지능 발달이 빠르고 학업 성적이 높아질 것이다"라고 선생님에게 알려주었습니다. 물론 그 아이들은 지능검사 결과와는 상관없는 아이들이었습니다. 그리고 8개월이 지난 후에 기대감을 보인 아이와 그렇지 않은 아이 사이에 어떤 차이가 있는지 보았습니다. 실험 결과는 앞으로 잘할 것이라고 선생님에게 기대를 심어 주었던 20%의 아이들의 학교 성적이 그렇지 않은 아이들보다 뚜렷하게 향상되었습니다. 이것이 '피그말리온 효과(Pygmalion Effect)' 입니다. 이렇게 자아상에 따라 사람이 변하는 현상은 비단 개인뿐 아니라 집단의 경우에도 마찬가지로 나타납니다(심수명, 2005, 55-56).

자아상이 형성되는 중요한 요인은 다음과 같습니다.

첫째, 자아상은 환경과의 상호작용을 통해 형성됩니다. 그 중에서도 부모, 형제, 친척, 학교나 교회 선생님, 친구 등 주변의 '중요한 타인'에 의해 형성됩니다. 중요한 타인으로부터 인정과 칭찬을 받을 때 긍정적인 자아상이 개발되며, 거절이나 비판을 받고 자라면 부정적인 자아상이 형성됩니다.

둘째, 사회의 전반적인 가치관이 자아상에 영향을 줍니다. 자본주의 사회인 우리나라에서는 사람의 가치가 지능, 신체적 매력, 교육, 재력, 권력, 성격, 그리고 성취도 등에 의해 좌우되고 특히 그 사람이 지닌 부에 의해 평가되곤 합니다.

자아상은 일단 습득되면 쉽게 변하지 않으나, 새로운 자극과 경험에 의해서 서서히 변화되기도 합니다. 특히 자아상의 핵심이 되는 가치관, 믿음, 태도는 변하는 데 오랜 시간이 걸리고, 긍정적인 변화는 의심이나 비판, 지적에 의해서가 아니라 인정과 존경, 칭찬에 의해서 일어납니다. 따라서 자아상을 바꾸는 것은 시간과 정력, 사랑과 이해, 용납과 지혜, 그리고 정성이 요구되는 어려운 과업입니다.

❀ 위 내용을 읽고 어떤 생각이 드시는지요? 서로의 생각과 느낌을 나누어 봅시다.

## 2. 긍정적 자아상의 특징

자녀는 부모의 거울이라고 합니다. 이것은 부모의 모습을 자녀의 모습에서 보게 된다는 뜻입니다. 긍정적인 자아상의 소유자는 일반적으로 안정되어 있어 자신이 가치 있고 중요한 사람이며, 유능한 사람이라는 생각을 가집니다. 자녀를 긍정적인 자아상을 가진 아이로 키우기 위해서는 부모 자신이 먼저 긍정적인 자아상을 가지고 있어야 합니다.

다음은 긍정적인 자아상을 가진 사람의 특성입니다.

첫째, 스스로를 가치 있게 느끼며, 자신을 사랑하고 약점도 모두 수용합니다.

둘째, 자신만만하지만 현실적이며 겸손합니다.

셋째, 자기를 수용하는 것처럼 남들을 수용하기 때문에 다른 사람이 부정적인 태도를 보일지라도 긍정적 자세로 수용합니다.

넷째, 항상 자신감이 있으며 삶의 고난이나 도전을 두려워하지 않습니다.

다섯째, 자신의 생각과 감정을 믿고 자신의 판단을 신뢰하기에 당당하게 행동할 수 있으며, 자신의 주장이나 견해가 틀린 것이 드러나면 두려움 없이 수정합니다.

여섯째, 매사에 진취적이고 적극적이며 인간관계가 원만하고 자신에 대해 긍지와 자부심을 갖고 있어서 남의 칭찬도 가식 없이 받아들입니다.

일곱째, 자신을 좋아하고 자족하기 때문에 자기의 힘을 과시할 필요를 느끼지 않습니다(심수명, 2005, 70).

그렇다면 자녀가 긍정적인 자아상을 갖도록 하기 위해서 어머니가 어떻게 해야 할까요?

첫째, 부모와의 관계에서 성공적인 사람이 되도록 도와주어야 합니다. 자녀에게는 부모와의 관계가 인생에서 근본이 되는 가장 중요한 관계입니다. 그러므로 자녀의 감정이 부모에 대해 친밀감과 신뢰의 느낌이 일어나도록 각별한 관심과 세심한 배려로 도와주어야 합니다. 신뢰로운 인격, 일관성이 있는 태도, 가벼운 포옹이나 약간의 신체적 접촉이 자녀로 하여금 부모의 따뜻한 사랑을 느끼게 합니다.

둘째, 자녀에게 위협적이지 않아야 합니다. 자녀는 성장 과정에 자신의 자아가 확립되지 않은 상태이므로 아주 작고 사소한 위협에도 크게 영향을 받습니다. 그러므로 자녀의 실수에 대해 책망할 때 인격적으로 접근하여 위협감을 주어서는 안 됩니다. 부모의 언행이 위협적일 때 자녀는 부모에 대한 거리감을 크게 느끼며, 심지어는 배척감과 소외감마저 느끼기 쉽습니다.

셋째, 자녀의 실패에 관대해야 합니다. 자녀는 자신의 행동을 자신의 존재와 일치시킵니다. 그러므로 자녀의 실수나 실패를 너무 심하게 책망할 때 교육적 역효과를 가져올 뿐 아니라, 심리적 타격을 주어 자기를 싫어하고 자신에 대해 실망하여 스스로 실패의 길을 걷게 됩니다. 그러므로 부모는 자신의 과오와 실패로 인해 자책감에 빠진 자녀에게 최대한의 관용과 격려를 보여 자신을 스스로 용서하고 자신에 대해 사랑을 품도록 도와야 합니다.

넷째, 선택의 자유를 갖고 잘 활용함으로, 삶을 보는 능력이 커져야 합니다. 건강한 자녀는 건강한 선택을 할 수 있도록 일찍 개발되어집니다. 그러므로 자녀의 자율성 향상을 위해서 일찍부터 스스로 선택하는 연습을 경험하도록 훈련해야 합니다. 이러한 경험이 부족한 자녀는 성인이 되어서도 자신의 결정에 두려움을 갖는 경우가 많습니다. 선택을 연습하는 것은 자녀의 자율성을 성숙케 할 수 있습니다. 올바른 선택은 많은 선택의 실수와 반성을 통해 얻은 교훈이 자기 것으로 소화될 때 가능해집니다.

다섯째, 자녀의 감정을 존중하고 수용해 주어야 합니다. 자녀는 부모와는 달리 느끼는 감정이 섬세합니다. 자녀의 감정을 세심하게 수용하고 다루는 것이 자녀의 자긍심 향상에 중요한 영향을 끼쳐 그의 인생을 전인적으로 건강하게 성장하도록 돕게 됩니다. 특히 예측할 수 없는 부모의 분노는 자녀의 자긍심에 손상을 끼칠 뿐 아니라, 심할 경우엔 정서적 장애와 심인성 질환을 동반하게 되고 삶의 능력을 상실하게 됩니다.

여섯째, 자녀에게 도전 정신을 심어 주어야 합니다. 이것은 적자생존의 원리가 아니라 함께 사랑 안에서 성장하며 성숙해지려는 행복의 관계(win-win)입니다. 이렇게 자신에 대해서 뿐 아니라 타인에 대해서도 겸손하면서도 도전적인 정신과 태도를 갖도록 하는 것이 중요합니다. 그러기 위해서 먼저 부모 자신이 스스로에 대해 나약한 태도와 비굴한 정신에서 벗어나 긍정적이며 도전적인 삶의 모습을 보여주어야 합니다.

일곱째, 건강하게 경쟁할 수 있도록 도와주어야 합니다. 우리가 이 세상에 살아가는 한 이 세상의 법칙을 무시할 수 없습니다. 어린 아이들을 아무런 기술이나 특별한 지식도 준비시키지 않은 채 냉혹한 세상에 내보내게 되면 아이들은 자신을 보호할 수 없게 되며 세상의 비인간적인 분위기에서 생존하기에 어렵게 됩니다. 그러므로 자신의 강점을 발견하고 개발해서 스스로에 대해 자신감을 갖고 세상을 이겨나갈 수 있도록 도와주어야 합니다. 특히 자신의 수고로 경제적인 문제를 해결할 수 있는 기본적인 능력과 기술을 길러주어야 먹고 사는 문제에서 자신감을 가지게 되며, 이러한 기본이 있어야 건강하게 경쟁할 수 있습니다(심수명, 2005, 70-72).

✎ 자녀가 긍정적인 자아상을 갖도록 하기 위해 당신에게 가장 부족한 부분은 무엇입니까?

## 3. 신적 자아상

자아상은 소속감과 가치감과 자신감의 3요소에 의해서 형성됩니다. 그런데 그리스도인은 긍정적인 자아상을 뛰어넘어 하나님의 형상으로서의 신적 자아상을 가진 존재입니다. 즉 하나님이 나를 원하시고 나를 사랑하시며 나에 대해 목적을 가지고 이끄시는 하나님의 피드백에 의해 이루어지는 나의 자아상입니다. 믿음의 어머니는 자녀들에게 신적 자아상을 가지도록 도와주어야 합니다. 그러기 위해서는 하나님 안에서의 소속감과 가치감과 자신감을 가질 수 있도록 해야 하며, 이 세 가지가 서로 조화를 이루도록 해야 합니다.

### 1) 가치감 -신적 존재로서의 자기 발견

가치감은 자신을 가치 있는 사람으로 확신하면서 스스로 자신이 존중받는 존재임을 느끼는 것입니다. 우리는 다른 사람들의 말과 행동에 근거해서 자신을 평가하고 나의 존재가치를 발견합니다. 그러므로 자녀에 대한 부모의 가장 중요한 임무 중 하나는 자녀가 정말로 가치 있고 귀한 존재임을 알게 해 주는 것입니다. 아이들은 자신이 유일하고, 귀하고, 중요하고, 사랑받을 만하며, 존중받을 만한 가치가 있다는 것을 경험하도록 도와주어야 합니다. 이때 건강한 자존감이 형성되며 이것은 건강한 삶의 기초가 됩니다.

특별히 사람의 가치감은 그가 하나님의 형상으로 창조된 존엄한 존재라는 사실에 근거합니다. 그렇다면 하나님의 형상이란 무엇입니까? '형상(Image)'이란 히브리어로 '그림자'라는 의미입니다. 그림자는 그림자를 만든 원래의 물체와 닮게 되어 있습니다. 같은 맥락에서 하나님의 형상인 인간은 원래의 창조주인 하나님을 닮았다는 의미입니다. 즉 우리가 하나님의 형상으로 창조되었다는 것은 창조하신 하나님과 우리가 서로 닮은꼴로 만들어졌다는 뜻입니다. 여기서 닮은꼴이란, 하나님의 속성을 인간이 부분적으로 가지고 있다는 점에서 인간이 하나님의 본질(nature)과 모양(form)

을 반영하는 것입니다.

그리고 더 나아가 이것은 먼저 하나님이 인간의 원형(archetype)이시고 인간은 하나님의 반영이라는 뜻입니다. 즉 사람은 하나님을 반영하는 존재로서 창조되었다는 뜻입니다. 따라서 인간은 하나님 안에서만 존재할 수 있으며 모든 움직임 하나하나가 그에게 속해 있고, 하나님의 뜻이 아니면 우리는 손가락 하나도 움직일 수가 없는 존재임을 알고 겸손해야 하는 것입니다. 이렇게 하나님의 형상 개념으로 자기를 본다는 것은 인간 그 자체가 하나님의 영원하신 능력과 신성을 담고 있는 존재로서 오직 하나님과의 관계에서만 자신의 존재에 가치가 있음을 말하는 것입니다(심수명, 2005, 57-58).

## 2) 소속감 - 신적 존재로서의 자기인식

소속감은 자기를 사랑하고 용납하고 지원하는 사람들과의 관계 속에서 사랑을 주고받음으로 인해 일체감, 혹은 하나됨을 경험하는 것입니다. 그 때 관계 속에서 안전감을 느끼며 자신이 소중한 존재라는 느낌과 함께 평안을 누리게 됩니다. 즉 내가 소속한 곳이 모든 사람들이 인정할만한 객관적으로 좋은 곳이어야 하고, 그 관계 속에서 내가 귀한 존재라는 느낌을 받아야 소외감보다는 당당한 소속감을 가지는 것입니다. 이렇듯 이 두 가지가 다 소중한데 그럼에도 불구하고 둘 중 더 중요한 것을 제안하라고 한다면 후자입니다. 사람은 관계의 영향을 더 많이 받습니다. 사람들은 오해를 받거나 어떤 선입견으로 인해 판단을 받게 되면 마음이 힘들어지는 존재입니다. 따라서 신적 소속감을 가지는 것이 무엇보다 중요합니다. 즉 전능하신 하나님이 나를 사랑하셔서 나를 위해 목숨까지 버리신 그 특별한 사랑을 믿음으로 바라보며 그 사랑으로 자신을 사랑하는 것이 무엇보다 중요합니다. 이것이 하나님의 자녀라는 신적 소속감입니다.

어거스틴은 다음과 같이 탄성을 질렀습니다. "놀랍다. 알 수 없다. 이해할 수 없다. 하나님께서 그 아들을 보내사 나를 위해 십자가에 못박게 하시다니! 내가 하나님이라면 나는 벌써 인간들을 멸하고 말았을 텐데… 그런데 그분은 나를 사랑하신다. 마치 지구상에 나 혼자 밖에 없는 것처럼 하나님은 나를 사랑하신다. 그리고 우리 모두를 그렇게 사랑하신다. 아! 이 놀라운 사랑…" 이 사랑이 하나님의 무조건적 사랑입니다. 이토록 나는 값진 존재입니다.

이런 맥락에서 우리가 자신감 있는 삶을 살기 위해서 반드시 가져야 할 두 가지가 있습니다. 하나는 하나님에 대한 이미지이고 다른 하나는 자기 이미지입니다. 예수 그리스도는 우리에게 하나님을 "하늘에 계신 아버지"라고 부르라고 하셨습니다. 이 가르침은 우리가 하나님의 실존과 전능성, 영원성, 불변성을 믿으며, 그분의 자녀로서의 확신을 전제로 하지 않으면 의미가 없습니다. 즉 하나님을 우리의 아버지로 알면 우리는 자연스럽게 자신이 누구인지 깨달을 수 있기 때문입니다(심수명, 2005, 59-60).

### 3) 자신감-신적 존재로서의 행동

자신감은 성취감과 함께 자신을 유능한 사람으로 확신하는 것을 뜻합니다. 자존감이 가치와 관련이 있다면 자신감은 실제적인 능력과 관계가 있습니다. 따라서 자신감을 갖기 위해서는 자신이 노력하여 변화시킬 수 있는 것은 점진적으로 바꾸어 나감으로 능력을 키워야 합니다.

하나님이 우리의 인격과 삶을 사랑하듯이 우리도 자녀들을 똑같이 존중하고 사랑해야 합니다. 그러므로 다른 아이와 비교해서는 안 됩니다. 아이가 비교를 당하는 순간부터 자신감과 능력을 잃어버립니다. 하나님은 우리가 서로 개성이 다르며 재능과 역할이 다르도록 만드셨기 때문입니다. 우리 아이들은 모두다 이 땅에 태어날 때 한 가지 이상의 능력을 부여받고 태어납니다. 그러므로 부모는 자녀가 자신의 길을 걸어가며 자신의 능력을 개발하여, 하나님의 사람으로 세상에서 가치 있는 인생을 살아가도록 도와주어야 합니다.

우리는 존재 가치를 소유나 외모 등 다른 것에서 찾으려 하기 보다 하나님과의 관계 속에서 확인해야 합니다. 하나님께서 나를 위해 독생자를 버리실 정도로 나는 소중하고 놀랍고 아름다운 존재가 아닙니까? 그렇습니다. 당신은 이 모습 이대로 하나님의 사랑과 긍휼을 입기에 넉넉한 사람입니다. 이제 우리는 내 존재가 수용되느냐 되지 않느냐의 삶을 사는 것이 아니라, 내가 타인에게 어떤 영향을 주고 살 것인가의 사명과 비전에 사로잡힌 인생이 되어야 합니다. 이런 맥락에서 자기관리가 필요한 것입니다(심수명, 2005, 61-62).

내가 변화시킬 수 없는 것은 있는 그대로 수용해야 되겠지만 좀 힘들어도 바꿀 수 있는 것은 변화를 위해 시도해 보아야 하지 않겠습니까? 그래서 우리는 다음과 같은 기도가 날마다 필요한 것입니다.

"하나님, 제가 변화시킬 수 있는 것과 변화시킬 수 없는 것들을 분별할 수 있는 지혜를 주시옵소서. 그리고 제가 변화시킬 수 있는 것은 변화시킬 수 있는 용기를 주시고, 제가 변화시킬 수 없는 것은 받아들일 수 있는 평안을 주시옵소서."

✽ 신적 자아상의 3요소에 따라 어머니로서의 자신의 모습을 점검하고 나누어 봅시다.

 활동

## 1. 자아상 체크

결코 : 0   가끔 : 1   자주 : 2   항상 : 3

| 번호 | 질 문 | 점수 |
|---|---|---|
| 1 | 나는 위기상황을 비교적 쉽게 다룬다. | 0 1 2 3 |
| 2 | 나는 다른 사람보다는 나 자신을 신뢰한다. | 0 1 2 3 |
| 3 | 나는 나로서 충분하다. | 0 1 2 3 |
| 4 | 나는 하나님을 첫째로 섬기며 도움의 실질적 근원으로 여긴다. | 0 1 2 3 |
| 5 | 나는 과거나 미래에 대한 걱정을 하지 않고 편안하게 생각한다. | 0 1 2 3 |
| 6 | 나는 정이 많은 편이고 내 감정을 나타내는 것이 어렵지 않다. | 0 1 2 3 |
| 7 | 나는 칭찬을 자연스럽게 받아들일 수 있다. | 0 1 2 3 |
| 8 | 나는 자신을 책망하는 느낌도 수용할 수 있다. | 0 1 2 3 |
| 9 | 나는 나의 불완전함을 인정하고 때로 내 자신에게 책임이 있음을 받아들인다. | 0 1 2 3 |
| 10 | 나는 다른 사람의 기대를 따르기보다는 내가 옳다고 믿는 것을 고수한다. | 0 1 2 3 |
| 11 | 나는 내가 믿는 것을 신뢰한다. | 0 1 2 3 |
| 12 | 나는 다른 사람의 세미한 필요에 민감한 편이다. | 0 1 2 3 |
| 13 | 나는 다른 사람들을 위한 일을 하는 것을 좋아한다. | 0 1 2 3 |
| 14 | 나는 뜻있는 활동에 적극적으로 참여한다. | 0 1 2 3 |
| 15 | 나는 부정적인 상황에서도 긍정적인 점을 찾으려고 한다. | 0 1 2 3 |
| 16 | 나는 힘든 중에도 정신을 집중 할 수 있다. | 0 1 2 3 |
| 17 | 나는 긍정적인 방법으로 좌절과 맞설 수 있다. | 0 1 2 3 |
| 18 | 나는 자신이 소중하다고 느낀다. | 0 1 2 3 |
| 19 | 나는 평안한 마음을 갖고 있다. | 0 1 2 3 |
| 20 | 나는 다른 사람들을 있는 그대로 받아들인다. | 0 1 2 3 |

* 각 반응을 다음과 같이 계산해 보세요.

　　　a : 0　　b : 1　　c : 2　　d : 3

- 50-60점 : 당신은 어쩌면 지나칠 정도로 강한 자아의 조짐이 보입니다.
- 35-50점 : 당신은 균형이 있고 자존감에 대해 현실적인 감각을 갖고 있어요.
- 25-35점 : 당신은 자기 가치의식과 불안정성이 반반 정도인데 향상시킬 필요가 있어요. 낮게 매겨진 점수의 항목 중 자아 개념 분야를 높이는데 집중해보세요.
- 15-25점 : 당신은 자존감을 높일 필요가 있네요. 당신 자신을 억누르는 부정적인 모든 것들을 제거시킬 필요가 있어요.
- 0-15점 : 당신은 자신을 끊임없이 비난하거나 비하하는 말에 집중하기보다 당신의 존재가 괜찮다고 믿어 줄 필요가 있어요. 지금 당신의 문제로부터 빠져나오기 위해 다른 사람의 도움이 필요해요.

## 2. 자아상 찾기

　나의 자아상은 어떠한지 찾아보기 위해서 나의 가장 가까운 가족들은 나를 어떻게 보았는지 찾아보고, 그것에 대한 나의 생각과 느낌을 살펴보고자 합니다. 그리고 나는 자신에 대해서 어떻게 생각하는지 살펴봄으로 나의 자아상을 정리해봅시다. 나의 자아상에 따라 나의 자녀에게 그렇게 대할 것이며, 자녀는 내가 보는 대로 자신을 본다는 것에 대해 새롭게 발견하는 시간을 가져봅시다.

1) 가까운 사람과의 관계

다른 사람이 나를 대하는 방식은 어떠했는가?(말, 분위기, 행동, 예언의 말, 태도 등) 그 때 나의 생각과 느낌은 어떠했나?(과거에서 현재까지 마음에 맺혀 있는 것을 중심으로)

<자아상 찾기의 예>

| 대상 | 나를 대하는 태도 (말, 분위기, 행동 등) | 그때의 느낌 | 그때 나 자신에 대한 나의 생각 |
|---|---|---|---|
| 부모 | **아버지**: 나를 없는 사람으로 대함. 학교에 보내지 않음<br>**어머니**: 아버지의 눈치를 보면서 나를 사랑하고 돌봄. 불안해하심 | 무시, 거절.<br>가치 없는 느낌<br><br>혼란, 거절 | 내가 그렇지 뭐.<br>나는 투자할 가치가 없다.<br><br>또 버려지는 구나 |
| 배우자 | 사랑을 주지 않음. 자기 하고 싶은 대로 함.<br>→다소곳해야 하고 말을 잘 듣고 내가 원하는 대로 하는 것이 사랑이라 생각 | 외로움, 포기하는 마음 | 지독히 운도 없는 놈 |
| 형제 | **형**: 관심없는 태도, 자기 밖에 모름<br>**동생**: 무시하며 나를 지배하려 함 | 혼자로구나<br>(함께하고 싶은 마음)<br>분노, 죽이고 싶은 마음 | 모두 다 나를 버리는 구나<br>저놈이 아니면 내가 막내로 사랑받았을 텐데… |
| 중요한 타인 (1) | **큰 아버지**: 사랑을 주는 척, 돕는 척, 실제로는 아무것도 베풀지 않음 | 기대가 무너지는 느낌, 분노, 처절함 | 내가 이 땅에서 무슨 소망을 가질 수 있겠나? |
| 중요한 타인 (2) | **초등2 선생님**: 나를 특별히 사랑해서 쉬는 시간에 나를 격려하고 선생님의 점심을 같이 먹음 | 감사, 고마움, 미안함, 믿어지지 않고 황송함 | 내가 이렇게 사랑받아도 되나? 이것이 현실인가? |

(심수명, 2007, 39)

● 가까운 사람을 통해 본 나의 자아상

| 대상 | 나를 대하는 태도<br>(말, 분위기, 행동 등) | 그때의 느낌 | 그때 나 자신에 대한<br>나의 생각 |
|---|---|---|---|
| 부모 | | | |
| 형제 | | | |
| 중요한<br>타인<br>(1) | | | |
| 중요한<br>타인<br>(2) | | | |
| 나의<br>자아상<br>정리 | | | |

2) 내가 보는 나의 모습(능력, 외모, 성격, 관계, 도덕성 등)은 어떠합니까?

- 전체를 종합해 볼 때 자신의 자아상이 어떻다고 생각하는지 정리해보세요.

 결심

## 1. 이 강을 통해서 느낀 것들은 어떤 것들인가요?

1) 어머니로서 잘 하고 있는 점

2) 어머니로서 아쉬운 점

## 2. 앞으로 새롭게 시도하거나 나의 삶에 적용해야 할 것이 있다면 무엇입니까?

1) 결심 사항

| 번호 | 결 심 사 항 |
|---|---|
| 1 | |
| 2 | |
| 3 | |

2) 구체적인 실천방안

| 번호 | 실 천 방 안 | 확인받기(언제, 누구에게) |
|---|---|---|
| 1 | | |
| 2 | | |
| 3 | | |

제 4 강
# 대화하는 어머니

1. 자녀와의 갈등
2. 비효과적인 대화
3. 효과적인 대화

# 제 4 강  대화하는 어머니

목표: 효과적인 대화기술을 익히고 자녀와 심정대화를 할 수 있도록 훈련합니다.

 **현재 심정 나누기(10-20분)**
모임을 시작하면서 느껴지는 심정을 진솔하면서도 간단히 나누어 봅시다.

## 1. 자녀와의 갈등

부모와 자녀가 진정으로 서로를 신뢰하려면 서로의 차이에 대한 이해와 갈등을 잘 극복해야하는 과제가 있습니다. 아래의 목록은 부모가 자녀를 화나게 할 수 있는 행동들입니다. 여러분의 경우는 어떤지 한번 점검해 보십시오.

**〈부모가 자녀를 화나게 할 수 있는 행동들〉**

| 내 용 | | |
|---|---|---|
| 고함치기 ☐ | 제약이 너무 많은 것 ☐ | 다른 사람들 앞에서 꾸짖기 ☐ |
| 당황하게 만들기 ☐ | 부모 자신은 완벽한 체 하는 것 ☐ | 원인이나 과정을 무시하고 결론만 생각하기 ☐ |
| 우습게 만들기 ☐ | 거짓말 ☐ | 부당한 대우나 처벌 ☐ |
| 무시하기 ☐ | 지나친 기대 ☐ | 잔소리 ☐ |
| 너무 바빠서 경청 안함 ☐ | 용서치 않는 것 ☐ | 비판의 말이나 태도 ☐ |
| 화를 내며 훈육하거나 때리기 ☐ | 비웃음 ☐ | 실수 들먹이는 것 ☐ |
| 필요 고려하지 않기 ☐ | 융통성의 부족 ☐ | 무조건 요구를 거절하는 것 ☐ |
| 비교하거나 편애하기 ☐ | 신뢰하지 않는 것 ☐ | 조건적인 것 ☐ |
| 자녀에게 민감하지 못한 것 ☐ | 일관성이 없는 것 ☐ | 의견이나 결정을 존중하지 않는 것 ☐ |
| 날카로운 목소리로 말하기 ☐ | 약속을 지키지 않는 것 ☐ | 프라이버시를 인정하지 않는 것 ☐ |
| 인내의 부족 ☐ | 부부싸움 ☐ | 과잉반응이나 과잉보호 ☐ |

부모, 자녀간의 갈등이 일어나는 배경에는 다음과 같은 것이 작용하고 있음을 부모는 인지하고 있어야 합니다.

첫째, 부모가 자녀를 대하는 방식은 옳고 그름보다는 주로 자신이 경험한 것에 기초하고 있습니다.

둘째, 부모들의 기대수준이 아이들의 발달 수준이나 능력과는 상관없이 부모의 기대를 가지고 자녀를 대하는 경우가 많다는 사실입니다. 이러한 기대는 단지 부모가 가지는 욕망일 따름입니다. 따라서 이것이 부모의 욕심임을 알고 다스릴 수 있어야 합니다.

셋째, 자녀들의 문제는 부모와 상당히 연관성이 많습니다. 즉 아이의 문제는 부모 문제에서 비롯되는 경우가 많기 때문에 자녀를 거울삼아 자기를 성찰하는 기회로 삼아야 합니다.

넷째, 부모들은 자신들의 말, 생각, 행동들이 자녀들의 삶에 얼마나 지대한 영향력을 행사하고 있는지 모르는 경우가 많은데 자녀의 현재 모습은 부모의 책임임을 자각해야 합니다.

부모는 자녀를 사랑하고 잘 되기를 바라는 마음 때문에 '너 잘되라고 잔소리 하고 혼내는 것이다.'라고 말을 하지만 자녀들은 이 말을 받아들일 준비가 되어있지 않습니다. 부모들이 가지고 있는 이 생각을 수정하기 전에는 부모와 자녀간의 갈등을 좁힐 수 없습니다. 갈등을 해결하기 위한 여러 전략을 익히는 것도 좋지만, 무엇보다 중요한 것은 자녀는 나와 같은 동등한 인격을 가진 존재라는 의식과 함께 인격적인 태도를 갖는 것입니다(심수명, 2005, 104-106).

자녀와 갈등에 부딪쳤을 때 어떻게 하면 좋을지 그 대안을 몇 가지 제시하고자 합니다. 아래의 원리를 적용할 때 부정적이었던 관계가 긍정으로 변할 수 있을 것입니다.

① 아이에게 당신의 필요를 직접적으로 말하십시오.

당신이 자신의 필요를 아이에게 말할 때 아이는 긍정적으로 반응할 수 있습니다. 예를 들면, "엄마는 지금 당장 이 일을 해야 하거든. 이 일이 끝나는 대로 그 일에 대해 얘기를 하자."라고 이야기하고 아이가 기다릴 수 있도록 하십시오. 당신은 할 말을 다했으므로 자녀 편에서 이제 기다리는 일이 남았는데, 자녀는 기다림을 통해서 인격을 성숙시킬 수 있는 기회를 얻게 되는 것입니다.

② 당신이 다른 일로 화가 났거나 좌절에 빠졌을 때는 아이에게 솔직하게 말하고 당신의 마음을 전하십시오.

예를 들면, "지금 엄마는 …일로 화가 나있어. 너희들과는 관계없는 일이야. 그러니 오늘 오후에는 조용히 놀도록 해라."고 말합니다.

③ 아이가 잘못된 행동을 해서 혼낼 때 말로 지적한 것은 곧바로 행동에 옮기십시오. 이 말은 행동에 옮기지 않을 말은 하지 말라는 것입니다.

어떤 부모는 결정적으로 교정이 필요할 때도 행동을 취하지 않고 계속 참고있기만 합니다. 그러면 결국 부모는 화가 나서 비판적이 되거나 조롱의 말을 하게 되는데 이것이 결국 아이의 자존심을 해치게 됩니다. 잘못된 행동을 했을 때는 단호하게 대처하는 것이 아이의 올바른 인격 형성에 도움이 됩니다. 다만 아이의 자존심에 상처가 남지 않도록 감정적으로 대하지 않도록 주의해야 합니다.

④ 아이에 대해 현실감 있는 기대를 하십시오.

아이가 무엇을 할 수 있는지 바로 이해하십시오. 완전을 요구하지 말고 아이의 수준에 맞는 현실적인 기대를 하십시오.

⑤ 아이를 통제하려는 본능을 떨쳐버리십시오.

아이가 스스로 자랄 수 있도록 자유를 허락해 주십시오. 훈계의 목표는 아이 스스로 자기 통제를 할 수 있도록 하는 것입니다.

⑥ 긍정적인 면에 초점을 맞추는 훈련을 하십시오.

아이에게서 긍정적인 면을 찾고 그것을 아이에게 표현하십시오(심수명, 2005, 111-112).

※ 위의 원리들을 적용해 갈 때 점점 긍정적인 표현을 하게 되고 비난이나 조소의 표현을 줄여 가게 될 것입니다. 그렇게 되면 당신의 자녀도 긍정적인 아이로 자라나는 축복을 얻게 될 것입니다. 이러한 결심이 서시는지요?

제4강 대화하는 어머니

## 2. 비효과적인 대화

통계에 따르면, 우리나라 초등학생들이 가족과 대화를 나누는 시간은 '10~20분'(24.7%), '거의 없다'(22.6%), '20~30분'(18.4%) 순으로 나타났습니다. 그리고 가족이 모여 주로 하는 일도 'TV시청'(34.8%), '특별한 것이 없다'(17.6%), '뭘 사먹는다'(8.2%)는 응답이 상당 부분을 차지해 가족과의 대화 단절이 심각한 것으로 분석되었습니다(한국일보, 2001. 5월 1일, 사회면). 이러한 통계는 세월이 지나도 비슷한 것을 알 수 있습니다.

자녀들은 방과 후에는 과외와 학원으로 이어지는 과도한 학습으로 지쳐가고 있습니다. 무리한 조기교육으로 신체적, 정신적 질환에 시달리는 숫자도 상당하고, 심지어는 부모에게 적대감을 갖고 있는 자녀들도 있습니다. 부모와 자식 사이가 이 정도라면 과연 가족이라 할 수 있을까요? 한 지붕 밑에 사는 동거인은 될지언정 말이 통하고 뜻이 통하고 서로를 아껴주는 가족은 아닌 것입니다. 삶의 질은 곧 대화의 질에 직접 연결되어 있습니다.

그런데 거의 모든 부모들은 자녀의 행동에 대해 지적할 때 효과적이지 못한 의사소통을 사용하고 있다고 해도 과언이 아닙니다. 대부분의 부모들은 그들의 말이 자녀들에게 끼칠 영향에 대해 별로 생각을 안 한 채 평소의 습관대로 이야기를 한다는 사실은 참으로 슬픈 일입니다. 부모들이 자녀들에게 했던 비효과적인 대화 방법이 무엇이며, 왜 그것이 비효과적인가에 대해서 살펴보기로 하겠습니다(심수명, 2005, 169).

### 1) 해결책을 제시하는 대화

- 명령형(지시, 요구)
  "야, 저리 가서 놀아."
  "신문 구기지 마!"

"그릇 제자리에 갖다 놔라."

"청소해라."

- 경고형(훈계, 위협)

    "그만두지 않으면 혼날줄 알아."

    "엄마 말 듣지 않으면 화낼거야."

    "본래 있던 데로 제자리에 갖다 놓지 않으면 후회하게 될거야."

- 설교형(훈계, 권고)

    "아빠가 신문 볼 때는 방해하는 게 아니잖아."

    "제발 다른 곳에서 놀아라."

    "착한 애는 그렇지 않아."

    "항상 깨끗이 치워라."

- 충고형(해결책 제시)

    "엄마가 나가놀라면 나가 놀아야지."

    "네 방법이 잘못 됐잖아."

    "사용한 후에는 모든 것을 제자리에 갖다 놓아야 되잖니?"

2) 무시하는 대화

- 판단형(비판, 비난)

    "너는 그것도 모르니?"

    "너는 참으로 경솔하구나."

    "너처럼 분별없는 애는 처음 보겠다."

- 조소형(별명붙이기, 모욕)

    "너는 형편없는 놈이야."

    "멋대로 해. 이 말썽꾸러기야."

"부끄러운줄 알아라."

- 해석형(진단, 분석)
"너, 지금 엄마 관심 끌려고 일부러 그러는 거지."
"너, 지금 엄마 약 올리려고 그러는거지."

이러한 메시지들은 자녀에게 다음과 같은 생각이 들게 만듭니다.
① 자녀들은 죄의식과 양심의 가책을 느끼게 됩니다.
② 자녀들은 부모가 공정치 못하다고 느끼게 됩니다.
③ 자녀들은 부모에게 사랑받지 못하며 거절당하고 있다고 느끼게 됩니다.
④ 자녀들은 저항감을 갖고 행동하게 됩니다.
⑤ 자녀들은 흔히 반격을 가해 옵니다.
⑥ 그들이 적절치 못하다는 느낌을 주기 때문에 자기 존중감을 상하게 합니다.

## 3) '너' 메시지

'너' 메시지는 자신에 대해 낮은 자존감을 갖게 하며 말하는 사람에 대해서는 반발심을 일으킵니다. 비효과적인 메시지를 자세히 조사해 보면 놀랍게도 대부분의 경우에 '너' 라는 단어로부터 시작하거나, '너' 가 생략되어 있다는 사실을 발견하게 됩니다. 이러한 모든 메시지들은 '너' 를 염두에 두고 있습니다.

다음은 '너' 메시지의 예들입니다.

'게으르다, 칠칠치 못하다, 멍청하게…'
'골칫덩어리, 계집애가 어디…'
'쪼끄만 게 뭘 안다구…'
'저만 아는 욕심쟁이, 바보, 미친놈'
'귀찮은 자식, 지저분한 놈'
'경솔하다, 무분별하다, 항상 느리다'

'짜증 부린다, 머리가 나쁘다, 시끄럽다'

'배짱이 없다, 정신 사납다, 부모를 골병들게 한다.'

'못났다, 평범하다, 유치하다'

'꼭 지 아비 꼬락서니를 닮아가지고…'

표현의 주체, 듣는 사람이 느끼는 정도, 말하는 사람의 태도와 기준에 따라 'You 메시지'와 'I 메시지'를 비교하면 다음과 같습니다(심수명, 2005, 171-173).

| | You 메시지 | I 메시지 |
|---|---|---|
| 표현의 주체 | '너'를 주어로 하여 행동을 지적하는 표현 | '나'를 주어로 하여 내 마음을 표현 |
| 느낌 | 거부, 무시, 경멸의 느낌 | 부탁, 동의, 호소의 느낌 |
| 태도 | 듣는 이에 대한 불신으로 분풀이와 공격 | 듣는 이의 양심과 선한 마음을 신뢰함으로 호소 |
| 기준 | 율법 | 사랑 |

또한 일상적인 'You 메시지 대화'를 'I 메시지 대화'로 바꾸어 보면 다음과 같이 표현할 수 있습니다(최장일, 2001, 70-71).

| | You 메시지 | I 메시지 |
|---|---|---|
| 1 | 공부 좀 해라, 공부 좀. | 네가 공부하지 않고 노는 것 같아서 답답해. |
| 2 | 어디서 말대꾸야. | 네가 자꾸 말대답을 하니까 속상해. |
| 3 | 너 도대체 커서 뭐가 될래. | 네 행동 때문에 걱정이야. |
| 4 | 공부도 못하면서 무슨 오락이야. | 네가 공부하지 않고 오락만 하는 것 같으니 내 마음이 괴로워. |
| 5 | 네가 웬일이니, 공부를 다 하게. | 네가 공부하는 모습을 보니 너무 기뻐. |
| 6 | 넌 왜 맨날 그 모양이니. | 네가 예전보다 좀 달라졌으면 좋겠어. |
| 7 | 한번만 더 그래봐라, 가만두지 않겠어. | 네가 다시는 그런 행동을 하지 않았으면 좋겠어. |
| 8 | 네가 한두 살 먹은 어린애냐. | 네가 좀더 나이에 걸맞는 행동을 해주길 바래. |
| 9 | 맨날 그런 시시한 음악 좀 듣지 마라. | 네가 좀더 다양한 음악을 들으면 좋겠어. |

'나-메시지'가 되기 위해서는 다음의 3가지 요소를 갖추어야 합니다.

첫째, 상대방의 행동에 대해서 비난하거나 판단하지 않고 단순한 진술로 시작합니다.

"네가 문을 잠그지 않고 나가서…", "쓰고 난 뒤에 물건을 제자리에 갖다놓지 않아서…"

둘째, 앞에서 말한 '행동적 묘사' 뒤에 '분명한 결과'를 덧붙입니다.

"네가 문을 잠그지 않고 나가서(행동적 묘사), 내 물건을 잃어버렸어(분명한 결과).", "쓰고 난 뒤에 물건을 제자리에 갖다놓지 않아서(행동적 묘사) 내가 다시 정리해 챙겨놓는데 많은 시간이 걸려(분명한 결과)."

셋째, '너의 행동' 때문에 가지게 되는 '나의 느낌'을 진술합니다.

"네가 마감 시간을 지키지 않아서(행동적 묘사) 나는 조급한 마음으로 몇 시간을 기다렸고(분명한 결과), 그래서 지치고 화가 났어(느낌)."

❈ 자신의 대화 중에서 몇 가지 예를 'You 메시지'에서 'I 메시지'로 바꾸어 말해 봅시다.

## 3. 효과적인 대화

### 1) 긍정적인 말

칭찬 혹은 기죽이기만이 자녀의 자신감 높낮이를 결정짓는 건 아닙니다. 우리가 자녀들에게 요구나 지시를 할 때, 말을 어떻게 하느냐에 따라 자녀들의 자신감에 차이가 생깁니다. 이제 우리가 자녀들의 마음속에 유용하고 긍정적인 말들을 심어 평생 용기를 가지도록 만들어야 합니다. 말의 부정적인 표현과 긍정적인 표현은 다음과 같은 차이가 있습니다.

|  | 긍정적인 말 | 부정적인 말 |
| --- | --- | --- |
| 말 | "오늘 학교에서 친구들과 재미있고 즐겁게 지내렴." | "오늘 학교에서 싸웠다만 봐!" |
| 느낌 | 따뜻함, 사랑, 축복 | 무서움, 나를 불신하는 느낌 |
| 연상되는 모습 | 학교에서 재미있게 지내는 모습 | 학교에서 싸우는 모습 |
| 연상되는 느낌 | 즐거움 | 싸울 대상에 대한 적개심 |
| 행동(결과) | 즐겁게 지냄 | 싸움을 함 |
| 미래 | 성공을 예측함으로 당당함 | 실패감으로 무기력 |

가나안 12 정탐군의 이야기를 가지고 긍정과 부정의 말로 나누어 비교해 보면 말의 힘이 그 사람의 행동과 미래까지 지배하는 것을 알 수 있습니다.

|  | 긍정적인 말 | 부정적인 말 |
| --- | --- | --- |
| 말 | 올라가서 취하자. 그들은 우리의 밥이다. | 우리가 보기에 메뚜기라, 그들이 보기에도 그럴 것이다. |
| 느낌 | 자신감, 기쁨, 용기, 도전 | 두려움, 실패, 연민, 슬픔, 좌절 |
| 연상되는 모습 | 전쟁에서 승리하는 모습, 가나안이 함락되는 모습 | 거인 앞에 어찌할 바를 몰라 우왕좌왕하는 패잔병 |
| 연상되는 느낌 | 우월감, 가슴 벅참 | 작아지는 느낌, 놀라고 두근거리며 죽고 싶은 마음 |
| 행동(결과) | 여호수아와 갈렙이 가나안 점령 | 모두 다 광야에서 죽음 |
| 미래 | 하나님과 함께 사는 영광의 동행 | 하나님의 심판과 저주 아래 사는 비참함 |

이제, 자녀들에게 긍정적인 말을 하는 것이 얼마나 중요한지 가슴 속에 새겨졌을 것입니다. 그렇다면 상황에 따라 자녀들에게 긍정적인 메시지를 사용하는 예를 보고 이런 말들을 자주 사용할 수 있도록 연습해야 할 것입니다.

2) 심정대화

심정대화는 일반적인 대화개념에서 한걸음 더 나아가 상대방의 심정을 알아주는 대화입니다. 이렇게 깊은 만남을 가질 때 모든 오해와 갈등이 풀어지고 관계의 상승작용이 발생하는 것입니다. 결국 마음을 나눌 수 있는 심정대화의 능력이 진정한 인간관계의 능력이 될 수 있습니다. 그리고 이러한 만남 속에 치유와 사랑의 풍성함이 있게 됩니다. 이러한 대화가 부모와 자녀 사이에 오고 간다면 마음과 마음이 만나서 갈등이 해결될 수 있는 통로가 될 것입니다.

모든 사람은 서로를 마음껏 사랑하고, 사랑을 나누며 살고 싶은 가슴 깊은 갈망이 있습니다. 모든 관계가 다 그렇지만 부모 자녀 사이에도 사랑의 표현이 없는 가르침과 충고와 대화는 아무런 효과가 없습니다. 따라서 가슴깊이 숨어 있는 따뜻한 마음을 심정대화로 만날 때, 수많은 사람들의 문제를 치료하고 삶에 빛을 줄 것입니다. 진정한 사랑, 나 중심의 사랑이 아닌 자녀 중심의 사랑의 마음을 가지고 자녀와 대화할 때 자녀의 마음에 감동이 일어나서 자녀의 인격에 변화와 성장이 있게 됩니다. 부모에게서 하나님의 진실한 사랑을 경험한 자녀는 하나님이 원하시는 삶을 살 수밖에 없습니다. 이러한 가능성을 열어 주는 것이 바로 심정대화입니다.

다음은 일반적인 대화의 예입니다. 친구 생일 파티에 다녀오느라고 시험공부를 미처 하지 못한 자녀가 엄마와 대화를 나누는 장면입니다.

> 딸 : "엄마, 친구 생일 파티에 갔다가 좀 늦었어요. 이제 곧 시험인데 늦어서 죄송해요. 이제 씻고 공부할게요"
>
> 어머니 : "뭐라구? 지금 제정신이니? 시험이 얼마 남지 않았는데 갔으면 빨리 와야될 거 아냐. 지금까지 내가 몇번이나 얘기했니? 잘 알텐데 그런 짓을 해. 도대체 내가 몇 번씩 말해야 알아듣겠니? 넌 어째 그리도 생각이 없니?"
>
> 딸 : "엄마, 제가 좀 늦는다고 말씀드렸잖아요. 그리고 시험도 중요하지만 친구 생일도 중요하잖아요. 지금부터 열심히 하면 되구요."
>
> 어머니 : "뭐라구? 어디서 말대꾸야. 네가 평소에 잘했으면 내가 이런 말을 하겠니? 시끄러워. 들어가서 빨리 공부나 해."
>
> 딸 : "알았어요! 하면 될 거 아니예요!"

그런데 위의 일반적인 대화를 심정대화로 한다면 다음과 같이 3단계로 나누어 이야기 할 수 있습니다.

① 요약하기(20%)

메시지의 내용을 정확하게 압축해서 반사하는 것으로서 화자의 말을 약간 사용해 가면서 자신이 이해한 말로 정리하여 재진술하는 것입니다.

> 요약 연습 :
> "친구 생일 파티에 갔는데 늦었다구"

② 상대방의 심정 알아주기(70%)

상대방의 말을 요약한 후에 상대방의 심정이 어떠했는지 그 사람의 입장에서 상상해보고 그것을 말로 표현해 주는 것입니다. 이러한 표현은 단순한 동의 정도가 아니라 상대방의 메시지가 그 자체로서 논리가 있음을 인정하는 것이며, 그 사람과 내가 마음으로 하나가 될 수 있는 가능성을 열어주는 것입니다. 상대방의 심정을 알아주기 위한 말은 다음과 같습니다. "당신은 (슬픈, 굉장히 염려되는, 두려운, 놀라운, 화가 나는, 흥분된…)감정을 느낀 것 같아요." 또는 "당신이 느끼는 것은 이러저러한 느낌이라고 추측됩니다."

> 상대방 심정 알아주기 연습 :
> "친구 생일 파티가 생각보다 오래 걸려서 걱정됐겠다. 이제 곧 시험인데 너도 염려가 되었겠지만 엄마에게도 미안한 마음이 들었구나."

③ 내 심정 전달하기(10%)

상대방의 이야기에 깊이 공감하면서도 나의 진솔한 심정을 직접적으로 전달하는 것입니다. "당신의 이야기를 듣고 당신의 _____한 느낌이 전해지면서 내 마음은 이러했습니다."라고 나의 심정을 전달합니다.

> 내 심정 전달하기 연습 :
> "엄마 마음을 헤아려주어 너무 기쁘구나. 너는 참 좋은 딸이야. 맘 편히 공부하렴."

 활동

### 1. 심정대화 연습

이번 주간에 자녀와 갈등이 있었던 사건을 떠올려 봅니다. 그 내용을 가지고 2-3명이 한 조가 되어 역할 연습을 합니다. 한 명은 말하는 사람, 한 명은 듣는 사람, 한 명은 평가자가 되어 심정대화 연습을 합니다.

자녀가 속이 상했거나 억울한 일 등이 있을 때는 위의 심정 대화 원칙에 따라 이야기 해보십시오. 그러면 자녀의 마음이 치유가 되고 자신의 마음을 이해해주는 부모로 인해 자긍심이 높아지게 됩니다. 부모와 심정대화를 나눌 수 있는 자녀는 저절로 인간관계를 잘하게 될 것입니다.

### 내가 다시 아이를 기르게 된다면

그들의 버릇을 고쳐 놓으려고 애쓰기보다
내가 그들의 모범이 되는 일에 마음을 쏟으리라.
그들의 습관과 행동을 고치는 일에 시간을 빼앗기기보다
내 마음을 넓히는 일에 시간을 쓰리라.
그들을 꾸지람하고 야단치는 일에 마음을 쏟기보다
더 많이 성경 이야기를 들려주리라.

내가 다시 아이를 기르게 된다면
잔소리로 그들의 마음을 박박 긁어 놓기보다
그들을 위해 기도하리라.
간섭하고 끼어들어 그들의 마음과 생각을 흐트러뜨리기보다
그들을 하나님께 내맡기리라.

내가 다시 아이를 기르게 된다면
찬양 소리로 그들의 아침 잠을 깨우고
하루를 마감하는 기도의 소리로 잠들게 하리라.
내게 다시 기회가 주어진다면
더 많이 기도하리라.
더 기도하리라.
그러나 내게 기회가 주어지지 않는다 할지라도
나는 여전히 기도하리라.
그들을 위해 무릎을 꿇으리라.
기도로 나의 과오를 씻어 내고
그들의 상처를 감싸 주리라.
기도로 그들의 세계를 밝게 열어 주리라.

 결심

1. 이 강을 통해서 느낀 것들은 어떤 것들인가요?

   1) 어머니로서 잘 하고 있는 점

   2) 어머니로서 아쉬운 점

2. 앞으로 새롭게 시도하거나 나의 삶에 적용해야 할 것이 있다면 무엇입니까?

1) 결심 사항

| 번호 | 결 심 사 항 |
|---|---|
| 1 | |
| 2 | |
| 3 | |

2) 구체적인 실천방안

| 번호 | 실 천 방 안 | 확인받기(언제, 누구에게) |
|---|---|---|
| 1 | | |
| 2 | | |
| 3 | | |

제 5 강
# 인격적으로 양육하는 어머니

1. 자녀 양육방식
2. 인격적인 어머니

# 제 5 강 인격적으로 양육하는 어머니

목표: 자녀와 갈등을 해결하며 자녀를 인격적으로 양육하는 방법을 익힙니다.

 현재 심정 나누기(10-20분)

모임을 시작하면서 느껴지는 심정을 진솔하면서도 간단히 나누어 봅시다.

## 1. 자녀 양육방식

나의 현재의 자녀 양육방법은 대부분 나의 부모로부터 물려받은 것일 확률이 아주 높으며, 또한 현재에 나의 자녀 양육방식에 아주 큰 영향을 미치고 있을 것입니다. 다음에 열거하는 유형 중에 당신이나 당신의 부모님은 어떤 방식으로 자녀를 양육했는지 살펴보십시오. 전체 중에서 당신에게 해당되는 유형 한두 가지를 찾아 봅시다.

① 강압형

　강압형 부모는 자녀들에게 항상 지시하고, 감독하고, 훈계하며, 자녀의 기억을 늘 상기시킵니다. 이것은 자녀의 일을 쉽게 해주고 시간과 노력을 절약하는 방법인지 몰라도, 그렇게 함으로 자녀가 스스로 관심을 가지고 독립적으로 발전할 수 있는 기회를 빼앗게 됩니다. 이러한 환경에서 자란 자녀는 다른 사람의 말을 거부하거나 다른 사람의 지시에 쉽게 순응하고 복종하기도 합니다. 부모의 지나친 강압을 거부하는 자녀는 그가 해야 할 것을 망각하거나, 미루거나, 공상 가운데로 회피하거나, 혹은 빈둥거림으로써 거부감을 나타내기도 합니다. 만약 지나친 강압에 복종하는 것을 어린시절에 배웠다면 그는 어른이 되어도 외부의 압력에 의한 지시를 쉽게 따르거나, 혹은 부모가 했던 것 같이 자기가 스스로에게 명령과 훈계를 내리며 자신을 비판적인 태도로 바라볼 수 있습니다. 그래서 거부하는 관계 형태가 그의 삶 속에서 작용하는 것입니다.

② 방치형

　'방치형'은 부모가 자녀에게서 떠나 있거나 다른 일에 몰두해 있어서 자녀의 성장 발달 단계에 관심을 가져주지 못할 때 생깁니다. 어린시절에 부모에게서 방치되었던 경험이 있는 자녀는 다른 사람들과 친밀한 교제를 나누며 의미있는 관계를 맺는 능력이 부족합니다. 또한 자신이 어린아이였을 때 아무도 필요한 규칙의 한계를 정해주지 않았기 때문에 자신의 행동이나 능력에 대한 한계를 스스로 규정하는 것이 어렵게 됩니다. 대인관계에 있어서 필요한 자아정체감을 확립해 나가는 면에서도 어려움을 느낍니다.

③ 과보호형

　과보호형의 부모는 자녀의 요구나 떼를 쓰는 것, 충동적인 행동 등을 그대로 받아줌으로 자녀를 다스릴 힘을 잃게 되고, 자녀는 규칙을 무시하고 오히려 자기가 원하는 대로 부모를 조종하려 합니다. 이 유형은 강압형의 반대입니다. 이러한 부모는 자녀를 사랑한다는 이유로 허용하나 이것은 자녀를 위하는 것이 아니라 망치는 것입니다. 이렇게 길들여진 자녀는 더욱더 자신의 욕구를 채우려고만 하며 다른 사람의 권리를 존중하지 않는 사람이 됩니다. '안 된다' 라는 단어가 그에게는 생소하게 들리게 됩니다. 그러한 자녀는 어린시절에 부모로부터 받아야 할 제재를 받지 못했기 때문에 어른이 되어서도 '안 된다' 라는 단어의 의미를 여전히 이해하지 못합니다. 이러한 미성숙한 태도는 종종 충동적인 행동으로 나타납니다. 즉 음식을 절제하지 못하고 마구 먹어댄다든지, 술과 담배를 과하게 한다든지, 정신없이 거리를 헤맨다든지, 쉽게 화를 낸다든지 하고 다른 사람의 권리를 존중하지 않는 행동으로도 나타나게 됩니다.

④ 신임형

이 유형은 부모가 자식의 일에 관해 결정할 때 자녀의 특징, 흥미, 그리고 관심에 맞도록 고려합니다. 또한 부모의 결정이 자녀에게 불만스러울 때는 솔직하게 표현할 수 있게 해주고, 부모 쪽에서는 원래의 결정에 대해 자녀의 의견이 합리적이면 받아들입니다. 그러나 최종 결정은 어디까지나 부모가 하되 한 번 결정된 사항이나 규칙에 대해서는 반드시 지키도록 엄격하게 요구합니다.

⑤ 완벽주의형

완벽주의는 높은 기준이나 목표를 설정하고 추구하는 과정에서 실패에 대해 염려나 두려움을 가지는 강박적 성향입니다(심수명, 2004, 308). 이 유형은 부모가 자녀에게 그의 수준 이상으로 기대하고, 그러한 기대가 충족될 때만 가치를 인정해 줄 때 생깁니다. 자녀는 이에 보조를 맞추기 위해 죽도록 노력하고 성취욕에 지나치게 몰두합니다. 그는 부모가 기대하는 수준에 도달하지 못한다는 느낌 때문에 자신이 가치 있는 존재라는 것을 항상 느끼지 못합니다. 자신의 존재 가치를 저하시키는 태도는 어린시절부터 어른이 되기까지 몸에 배이게 됩니다. 완벽주의자는 자신이 성취한 것에 실망하고 생에 대한 기쁨을 거의 느끼지 못합니다. 다른 사람은 그가 성취한 것을 칭찬하며 꽤 만족하는데 이런 것이 그에게는 전혀 상관이 없습니다.

### ⑥ 무절제형

무절제형은 자녀에게 필요한 것이면 무엇이든지 넘치도록 채워주는 가정에서 생깁니다. 여기에서 문제가 되는 것은 자녀가 정말 원하는 것이 무엇인지를 고려하지 않은 채, 자녀가 원하는 것과 자녀에게 필요한 것을 부모가 무절제하게 일방적으로 채워주는 것입니다. 수년을 이렇게 과도하게 공급해 주다 보면 아이는 사물에 대해 싫증을 느끼고 독창성과 자발적인 능력을 잃어 무감각해집니다. 그는 열심히 일해서 받는 대가가 어떤 것인지 경험해 본 적이 없기 때문에 어떤 일에도 꾸준히 지속적으로 인내하지 못합니다.

그러한 어린아이가 커서 무절제한 어른이 되어 자신의 비위를 맞춰주는 사람이 없으면 삶을 비관하거나 혹은 주위에 있는 사람들을 비난하기도 합니다. 그는 자신의 욕구를 채워주고 비위를 맞춰 줄 사람을 계속 찾게 될 것입니다. 그러나 그런 사람이 나타나면 금방 싫증내며 무감각하게 대하기 쉽습니다. 어린시절에 익힌 유형이 다시 재현되는 것입니다.

### ⑦ 체벌형

'체벌형'의 양육방식은 부모가 자녀에게 드러내는 표면적인 분노와 공격을 포함한 여러 가지 방법으로 나타납니다. 이것은 종종 강압형과 완벽주의형을 합친 형태입니다. 부모는 자녀에게 벌을 줄 때 스스로 정당하다고 느끼지만, 대개 자녀의 행동과 태도 때문이 아니라 자신의 분노, 좌절, 인내심의 부족 때문에 화를 내고 맙니다. 이렇게 부모에게 혹독한 취급을 받는 자녀는 벌을 정당화시키거나 혹은 벌을 자초하는 행동에 익숙해집니다.

부모로부터 무관심과 혹독한 취급을 받은 아이는 성인이 된 후 보복하는 것을 배울 수 있습니다. 다른 사람과 즐거운 관계를 경험해 본 적이 없기 때문에 많은 경우 복수심을 갖기 쉽습니다. 반면에 부모가 자녀에게 애정을 표시하면서도 지나친 체벌을 함께 수반했던 경우는, 후에 자녀가 성인이 되고 나서 자기 스스로를 비판하거나 죄책감을 갖는 경우가 있습니다. 이렇게 함으로 그는 벌을 받을 수 있는 상황을 스스로 만들게 됩니다.

⑧ 거부형

'거부형'은 일반적으로 그리 흔한 형은 아닙니다. 단어의 의미만을 생각해도 부모가 자녀를 거부한다는 것은 흔히 있을 수 없는 일이기 때문입니다. 이것은 대개 부모가 보여준 다른 행동과 혼합되어 있거나, 혹은 부모의 어떠한 행동을 자녀가 자기를 거부하는 것으로 받아들이는 경우입니다. 계속해서 거부감을 경험한 자녀는 부정적인 자아개념을 갖게 됩니다. 성장함에 따라 마음속에는 쓴 뿌리가 생기고 근심과 외로움과 무력감을 느끼며 자신의 가치를 인정하지 못합니다.

부모가 자녀에게 너무 많은 책임을 지우는 것에서도 거부감이 형성될 수 있습니다. 아직 준비가 되지 않은 아이에게 어른이 져야 할 책임을 부과하는 경우 어린아이로서 마땅히 누려야 하는 경험을 못 누리게 됩니다. 이렇게 되면 부모가 베풀지 못한 용납과 사랑과 칭찬을 그리워하게 됩니다. 성인이 되어서도 많은 책임을 떠맡으려고만 하고, 여유를 가지고 쉬든지 놀이를 하든지 생을 즐기든지 하는 것은 결코 배울 수 없습니다. 자신의 생활을 제한할 뿐 아니라 주변 사람들의 삶까지도 구속하려 합니다.

※ 앞에 말한 이러한 것이 우리가 흔히 찾아볼 수 있는 잘못된 부모의 양육방식과 가정의 환경 요소입니다. 당신은 과연 어떤 유형에 속합니까? 과거의 경험이 오늘날 당신의 인격형성에 어느 정도 영향을 미쳤다고 생각하십니까?

## 2. 인격적인 어머니

인격적인 어머니는 다음과 같은 특징이 있습니다.

첫째, 칭찬과 훈계, 수용과 직면이 적절하게 조화를 이루되 먼저 사랑하고 칭찬하고 수용해 줍니다. 먼저 수용이 있어야 훈계와 책망을 들을 수 있는 마음의 여유를 갖게 되기 때문입니다. 만일 이 순서를 잊어버리면 우리의 자녀 교육은 절대로 성공할 수가 없습니다. 마음껏 칭찬한 부모만이 책망할 자격이 있는 것입니다.

둘째, 자녀를 '손님'으로 인식합니다. 손님이란 내 집에 잠시 머물러 있다가 떠나는 투숙객입니다. 만약 집에 손님이 왔으면 우리는 사랑과 정성으로 손님을 잘 대접하여 그를 기쁘게 하려고 애를 씁니다. 자녀는 하나님께서 나에게 맡겨주신 손님입니다. 그러므로 우리가 사랑과 정성으로 자녀를 잘 대접하고 도와주어서 그가 제 길을 잘 갈 수 있도록 힘과 능력을 부여해야 합니다.

셋째, 자녀의 능력과 결정을 존중합니다. 일반적으로 사람들이 '능력'이라고 하면 I.Q. 지수를 이야기합니다. 그러나 1983년 하버드 대학의 교수 하워드 가드너가 미국 교육계에 큰 충격을 불러일으키는 발표를 하였습니다. 그는 인간에게는 적어도 7가지 다른 종류의 언어적, 음악적, 논리-수학적, 공간적, 신체적, 대인 관계적, 대내 관계적 지성이 있기 때문에 단순히 일반적인 시험 성적에 따라서 인간을 수재와 바보로 구분할 수 없다고 주장했습니다. 가드너는 "이제 인간 재능의 폭을 보는 우리의 시야가 넓어져야 한다"고 외쳤습니다. 교육의 가장 큰 사명은 자녀의 재능 중에서 가장 뛰어난 분야, 자녀가 가장 좋아하는 분야를 추구하고 개발할 수 있게 도와주는 것입니다. 이제 자녀들을 성적과 석차로 구분하는 일을 멈추고 그들에게 하나님이 주신 독특한 재능을 정확하게 파악해서 계발할 수 있도록 도와주어야 합니다.

넷째, 자녀의 기분과 취향을 존중하되 원칙을 지킵니다. 많은 부모들이 자녀의 기분을 존중하지 않고 부모의 기분대로 자녀를 대하고 있습니다. 원칙으로 자녀를 기르지 않고 부모의 기분에 따라 교육할 때 자녀는 상처를 받습니다. 자녀들은 자기의 기분을 알아주고 이해하는 부모를 존경합니다. 그때 교육은 자연히 이루어지는 것입니다. 자녀의 기분과 취향을 이해하고 알아줄 때에 부모와 자녀의 관계가 아름답게 이루어지면서 깊은 사랑의 만남이 이루어지게 됩니다.

다섯째, 자신의 연약함과 실수를 인정합니다. 자녀는 자신이 당면한 문제가 아주 커 보입니다(그런데 부모님은 그 문제를 잘 헤쳐 나가는 것같이 생각되어 자녀 스스로는 "나는 안돼"라고 좌절하게 됩니다). 부모가 너무 커 보이고 너무 완전해 보이기 때문에 부모 앞에 자신이 너무 작게 느껴져 자신에 대하여 깊은 절망을 갖게 되는 것입니다. 솔로몬의 자녀 르호보암이 그랬습니다. 사실 부모가 너무 뛰어나면 자식이 훌륭하게 자라기 어렵습니다. 모든 것을 아버지와 비교하기 때문에 아무리 열심히 노력해도 자신이 스스로 인정이 되지 않기 때문입니다.

❀ 자녀가 부모보다 더 나은 사람이 되고 후배가 선배보다 더 나은 사람 되도록 하려면 우리가 어떻게 해야 합니까? 부모가 자신의 연약함과 고통을 보여주고 얼마나 힘들었는지, 그래도 포기하지 않고 끝까지 견뎌냄으로 마침내 극복한 것들을 말해 주어야 합니다.

 활동

## 1. 자녀 양육방식 유형

각 항목마다 해당정도에 따라 1(아니오)부터 10(예)까지 숫자란에 표기합니다.

1) 자녀 양육방식 스타일 Ⅰ

나의 자녀 양육방식은 어느 유형인지 다음 설문을 체크하면서 나의 점수를 매겨 보십시오.

* 체크리스트 1

| 번호 | 내 용 | 점 수 |
|---|---|---|
| 1 | 자녀가 하는 일에 간섭을 한다. | 1 2 3 4 5 6 7 8 9 10 |
| 2 | 자녀가 장난감 고르는데 신경을 쓴다. | 1 2 3 4 5 6 7 8 9 10 |
| 3 | 숙제는 도와주어야 마음이 놓인다. | 1 2 3 4 5 6 7 8 9 10 |
| 4 | 옷을 입혀주어야 깔끔한 것 같다. | 1 2 3 4 5 6 7 8 9 10 |
| 5 | 반찬과 영양에 항상 신경을 쓴다. | 1 2 3 4 5 6 7 8 9 10 |
| 6 | 자녀가 왜 그런 행동을 했는지 알고 싶어한다. | 1 2 3 4 5 6 7 8 9 10 |
| 7 | 용돈의 용도를 세밀하게 따진다. | 1 2 3 4 5 6 7 8 9 10 |
| 8 | 같이 잠을 자야 마음이 놓인다. | 1 2 3 4 5 6 7 8 9 10 |
| 9 | 캠프나 야유회를 보내면 불안하다. | 1 2 3 4 5 6 7 8 9 10 |
| 10 | 친척집에 보내고 나면 허전하다. | 1 2 3 4 5 6 7 8 9 10 |
| 11 | 자녀가 하는 일은 어설프게 생각된다. | 1 2 3 4 5 6 7 8 9 10 |
| 12 | 형제간이나 친구하고 싸우면 참견한다. | 1 2 3 4 5 6 7 8 9 10 |
| 13 | 잘못해도 불쌍해서 그냥 넘겨버린다. | 1 2 3 4 5 6 7 8 9 10 |
| 14 | 비가 오면 우산을 가지고 마중 나간다. | 1 2 3 4 5 6 7 8 9 10 |
| 15 | 자녀 방이나 책상을 정리해준다. | 1 2 3 4 5 6 7 8 9 10 |

* 체크리스트 2

| 번호 | 내용 | 점수 |
|---|---|---|
| 1 | 자녀가 할 일은 어머니에 의해 결정한다. | 1 2 3 4 5 6 7 8 9 10 |
| 2 | 좋다고 생각되는 일은 꼭 시킨다. | 1 2 3 4 5 6 7 8 9 10 |
| 3 | '그건 안 된다' 라는 말이 많은 편이다. | 1 2 3 4 5 6 7 8 9 10 |
| 4 | 부모를 무서워하게 한다. | 1 2 3 4 5 6 7 8 9 10 |
| 5 | 어린이지만 예의에 어긋나서는 안 된다. | 1 2 3 4 5 6 7 8 9 10 |
| 6 | 규칙적인 생활은 꼭 해야 한다. | 1 2 3 4 5 6 7 8 9 10 |
| 7 | 공부시간만큼은 꼭 지켜야 한다. | 1 2 3 4 5 6 7 8 9 10 |
| 8 | 자녀의 말대답은 크게 꾸짖는다. | 1 2 3 4 5 6 7 8 9 10 |
| 9 | 자녀는 부모에게 복종해야 한다. | 1 2 3 4 5 6 7 8 9 10 |
| 10 | 성적표를 보고 나무란다. | 1 2 3 4 5 6 7 8 9 10 |
| 11 | 잘못은 꾸짖고 빌게 한다. | 1 2 3 4 5 6 7 8 9 10 |
| 12 | 손님이 오면 점잖게 앉아 있어야 한다. | 1 2 3 4 5 6 7 8 9 10 |
| 13 | 어떤 때는 부모가 감시원이 되어야 한다고 생각한다. | 1 2 3 4 5 6 7 8 9 10 |
| 14 | 자녀는 엄하게 키워야 예의가 있다. | 1 2 3 4 5 6 7 8 9 10 |
| 15 | 자녀에게 꾸중을 많이 한다. | 1 2 3 4 5 6 7 8 9 10 |

* 평가방법 : 각 항목에 쓰여진 숫자로 총계점수를 냅니다.

체크 1 : 20~40점(심한 무관심) / 41~60점(관심요망) / 61~100점(양호)
　　　　101~120점(과잉보호)/ 121~150점(지나친 과잉보호)

체크 2 : 20~40(심한 무관심)/ 41~60점(관심요망)/ 61~100점(양호)
　　　　101~120점(엄격함)/ 121~150점(지나친 엄격함)

* 분석 : 체크 1의 경우 점수가 높을수록 과잉보호형의 부모다.
이런 가정의 자녀는 스스로 해결하는 능력이 약하고 의지력이 약해지기 쉽다. 체

크 2의 경우 점수가 높을수록 지시형, 명령형, 독재형 부모에 해당한다. 이런 가정의 자녀들은 우발적이고 충동적이며 강자에 아부하고 약자에 군림하는 성격이 되기 쉽다. 점수가 지나치게 낮은 경우는 방치형으로 이런 가정의 자녀는 비계획적이고 산만하며 의욕이 없어지기 쉽다. 총계점수가 높더라도 항목에 따라 점수 편차가 많으면 불일치형으로서 일관성이 없는 부모이며, 이런 가정의 자녀는 부모에 대한 신뢰도가 떨어지며 부모에 대한 존경보다 반항심이나 적개심이 생기기 쉽다.

### 2) 자녀양육 스타일 II

다음의 설문을 읽고 해당되는 곳에 v표시해 보십시오.

| 번호 | 내가 자주 하는 이야기 | |
|---|---|---|
| 1 | (잔소리하지 말고/꾸물대지 말고) 지금 당장 가서 자! | ☐ |
| 2 | 약속을 어겼으니 규칙대로 오늘 저녁은 굶어야 한다. | ☐ |
| 3 | 또 어겼구나. 어떻게 된 일인지 같이 이야기(해결)해 보자. | ☐ |
| 4 | 늦게 잤으니 늦게 일어날 수밖에 없지. | ☐ |
| 5 | 네가 한번 해봐(네가 해결해). 나는 지금 시간이 없어. | ☐ |
| 6 | 닥치지 못해! 어른한테 대들어. 그래, 엄마 아빠가 누구 때문에 이 고생인 줄 알아! | ☐ |
| 7 | 어제 밤늦게까지 안 자더니… 아빠 엄마는 할 일이 있어. 네 일은 네가 알아서 해 봐. | ☐ |
| 8 | 뭐야! 좀 더 조심해서 할 수 없어? | ☐ |
| 9 | 늦게까지 내버려두고 싶지만 네가 잠을 못 자면 내 마음이 아프단다. | ☐ |
| 10 | 또 늦잠이야? 너는 매일 그 모양이니…(이유는 묻지 않는다). | ☐ |
| 11 | 우선 감정을 가라앉힌 다음 이 일에 대하여 서로 의논을 좀 해야겠구나. | ☐ |
| 12 | 참 공부하기가 어렵지? 그것을 이겨야 해. | ☐ |
| 13 | 얘야, 식기 전에 밥 먹어라. 따뜻한 밥을 먹어야 살로 가지. | ☐ |
| 14 | 너는 내가 바보같이 보이니? 아니, 아빠 엄마가 물로 보이는 거야? 뭐야! | ☐ |

| 15 | 또 걸렸구나. 이번에는 내가 도와주마. 그 다음 더 좋은 방법이 없는가 생각해 보자. | ☐ |
|---|---|---|
| 16 | 제발 화를 좀 내지 말아라. 못 견디겠다. 짜증 부린다고 해결이 되니? | ☐ |
| 17 | 이유 없다. 시키는 대로 해!(하라고 하면 해!) | ☐ |
| 18 | 너는 결코 실수해서는 안 돼. 책임을 진 이상 네 책임을 다 해라. | ☐ |
| 19 | 네 친구들이 모두 놀러 간다고? 허락하기 전에 먼저 어디로 무엇을 하러 가는지 자세히 이야기해 주겠니? | ☐ |
| 20 | 좀 빨리 해라. 꾸물대면 엄마가 늦게 된다. 아니면 나중에 하든지. | ☐ |

\* 평가와 분석

① 강압형: 1, 2, 6, 17, 18

② 방치형: 5, 7, 8, 10, 14

③ 과보호형 : 4, 12, 13, 16, 20

④ 신임형 : 3, 9, 11, 15, 19

❈ 당신의 경우에는 어떤 스타일에 가장 체크가 많이 되었습니까?

 결심

1. 이 강을 통해서 느낀 것들은 어떤 것들인가요?

　1) 어머니로서 잘 하고 있는 점




　2) 어머니로서 아쉬운 점

## 2. 앞으로 새롭게 시도하거나 나의 삶에 적용해야 할 것이 있다면 무엇입니까?

1) 결심 사항

| 번호 | 결 심 사 항 |
|---|---|
| 1 | |
| 2 | |
| 3 | |

2) 구체적인 실천방안

| 번호 | 실 천 방 안 | 확인받기(언제, 누구에게) |
|---|---|---|
| 1 | | |
| 2 | | |
| 3 | | |

| 참고문헌 |

- 심수명. 「인격치료」. 서울: 학지사. 2004.
- _____. 「탁월한 자녀를 만드는 특별한 교육법」. 서울: SFC. 2005.
- _____. 「하나님의 형상으로 지음받은 나」. 서울: 도서출판 다세움. 2007.
- 최장일. 「사랑하는 당신, 마음은 안녕하십니까?」. 서울: 한인. 2001.
- 노경선. 「아이를 잘 키운다는 것」. 서울: 예담. 2007.
- 한국일보. 2001년 5월 1일. 사회면.

부　록

## 1. 아내의 십계명

1계명. 평생동안 남편만을 변함없이 사랑한다.
2계명. 남편을 존중하고 최고의 사람으로 존경한다.
3계명. 남편의 장점을 칭찬하고, 격려하고, 세워주며, 돕는 자가 되도록 노력한다.
4계명. 건강한 부부가 되도록 함께 노력한다.
5계명. 갈등이 생기면 그 날 안에 대화로 해결한다.
6계명. 남편의 건강을 잘 돌보고 입맛에 맞는 맛있는 식사를 정성껏 준비한다.
7계명. 집안을 깨끗이 유지하고 편히 쉴 수 있도록 한다.
8계명. 남편과 함께 인격, 영성, 전문성의 성장과 성숙을 위해 노력한다.
9계명. 남편과 함께 한 달에 한 번 여행하면서 휴식과 재충전의 시간을 가진다.
10계명. 절약하며 재정을 지혜롭게 관리한다.

## 2. 남편의 십계명

1계명. 아내를 항상 사랑하고 아껴주며, 웃는 얼굴로 대한다.
2계명. 모든 일을 대화로써 해결한다.
3계명. 서로의 비전을 위해 노력하며, 격려한다.
4계명. 약속을 철저히 지킨다.
5계명. 심신이 건강하도록 힘쓴다.
6계명. 자기계발을 철저히 하여 앞서 나간다.
7계명. 아내에게 하루에 한 가지 이상 칭찬을 한다.
8계명. 아내를 위해 일주일에 한번 식사를 준비한다.
9계명. 아내와 함께 한 달에 한번 여행을 한다.
10계명. 아내와 함께 일 년에 한번 이상 성경을 읽는다.

## 3. 좋은 어머니 십계명

1계명. 자녀의 장점을 인정해 주고 칭찬해 준다.
2계명. 자녀와 공동의 경험을 갖기 위한 시간을 정기적으로 가진다.
3계명. 대화를 하기 위한 소재를 많이 만든다.
4계명. 똑같은 일로 두 번 야단치지 않는다.
5계명. 자녀가 스스로 판단한 의사를 존중한다.
6계명. 아무리 화가 나도 자녀를 손으로 때리지 않는다.
7계명. 약속은 가능한 반드시 지킨다.
8계명. 간섭하는 어머니가 아니라 존중하는 어머니가 되어준다.
9계명. 말이 아니라 모범으로 가르친다.
10계명. 기도를 가르친다. 기도는 세상을 움직이는 힘이다.

# 저자소개

### 심 수 명 (Ph.D., D.Min.)

한밀교회를 개척하여 상담목회를 적용하고 있는 저자는 상담 전문가이며 신학과 심리학, 상담과 목회현장을 아우르는 학자이며 목회자입니다. 저자는 치유와 훈련, 목회를 마음에 품고 한 영혼의 전인적인 돌봄, 부부관계 회복, 비전있는 자녀교육, 건강한 교회 세움, 상담전문가 양성 등에 헌신해 왔습니다. 그 노력의 일환으로 제자 훈련 시리즈, 목회를 위한 교재, 상담 훈련용 교재들을 출판해 왔습니다.

"기독교상담적 관점에서 본 정신역동상담"이 문화체육관광부 우수학술도서로 선정되고, 「목회와 신학」에서 한국교회 명강사(상담분야)로 선정되는 등 한국교회와 사회를 섬겨 왔습니다.

안양대와 총신대(신학), 고려대(석사,상담심리)와 미국 풀러신대에서 목회상담학 박사와 국제신대에서 상담학 철학박사 학위를 취득하였습니다.

상담자격은 한국인격심리치료협회 감독, 한국 목회상담협회 감독, 한국 복음주의 기독교상담학회 감독상담사, 한국 기독교 상담 및 심리치료학회 상담전문가, 한국 가족상담협회 수련감독으로 활동 중입니다.

여성부 정책자문위원으로 활동했으며, 오랫동안 국제신대 상담학 교수로 사역했습니다. 현재 칼빈대학교 상담학 교수, 미국 풀러신학대학원 상담분야 논문지도교수, 한기총 다세움상담대학원 원장, (사)한국인격심리치료협회 대표로 일하고 있습니다.

### 유 근 준

현재 (사) 한국인격심리치료협회에서 상담훈련원장과 칼빈대학교에서 상담학교수로 활동하면서 많은 사람과 학생들을 인격과 신앙의 조화를 이룬 성숙한 사람으로 만들기 위해 활동하고 있습니다. 유근준 교수의 비전은 '하나님이 기뻐하시는 인격적인 사람을 만드는 것' 으로서 이를 위한 사역에 온 몸과 열정을 바치고 있습니다.

숙명여대(영문학), 이화여대 교육대학원(교육심리)을 졸업하고 숙명여대 대학원에서 교육학박사(상담전공)를 취득하였고, 한국목회상담협회 전문가와 한국가족상담협회 전문가로 활동 중이며, 대상관계 관련저서를 집필하고 대상관계상담 전문가 양성을 위해 활발히 활동하고 있습니다.

# 도서출판다세움의 도서

- **교육상담훈련**
  - 인생을 축제처럼」(도서출판 다세움)
  - 인격치료」(학지사)
  - 그래도 삶은 소중합니다(도서출판 다세움)
  - 감수성훈련 워크북(도서출판 다세움)
  - 정신역동상담(도서출판 다세움)
  - 대상관계상담(도서출판 다세움)

- **목회**
  - 인격목회(도서출판 다세움)
  - 상담목회(도서출판 다세움)
  - 비전과 리더십(도서출판 다세움)
  - 상담적 설교의 이론과 실제(도서출판 다세움)
  - 감사하면 행복해집니다(도서출판 다세움)
  - 사랑하면 행복해집니다(도서출판 다세움)

- **소그룹 훈련 시리즈(상담목회를 적용한 소그룹 훈련시리즈)**
  - 의사소통 훈련(도서출판 다세움)
  - 인간관계 훈련(도서출판 다세움)
  - 거절감 치료(도서출판 다세움)
  - 분노치료(도서출판 다세움)
  - 비전의 사람들(도서출판 다세움)

- **결혼 · 가정 사역**
  - 한국적 이마고 부부치료(도서출판 다세움)
  - 부부심리 이해(도서출판 다세움)
  - 행복결혼학교(도서출판 다세움)
  - 아버지 학교(도서출판 다세움)
  - 어머니 학교(도서출판 다세움)
  - 탁월한 자녀 만들기(도서출판 다세움)

- **제자훈련 시리즈 전 4권(상담목회를 적용한 제자훈련시리즈)**
  1. 제자로의 발돋움(도서출판 다세움)
  2. 믿음의 기초(도서출판 다세움)
  3. 그리스도와의 동행(도서출판 다세움)
  4. 인격적인 제자로의 성장(도서출판 다세움)
  - 지도자 지침서(도서출판 다세움)
  - 새로운 시작(도서출판 다세움)

# 어머니학교

**2009년 9월 15일 초판 발행**
제1판 2쇄 발행 | 2012. 6. 20.
제1판 3쇄 발행 | 2016. 11. 25.
**지은이** · 심수명 / 유근준
**등록** · 제12-177호
**등록된 곳** · 서울시 강서구 수명로2길 88(내발산동 747)
**발행처** · 도서출판 다세움
TEL · 02-2601-7423~4
FAX · 02-2601-7419
HOME · www.daseum.org

**총판** · 비전북
**주소** · 경기도 고양시 일산서구 송산로 499-10
TEL · 031-907-3927
FAX · 031-905-3927

정가 5,000원
ISBN 978-89-92750-17-2 02230